D1691309

popcorn
traktaties

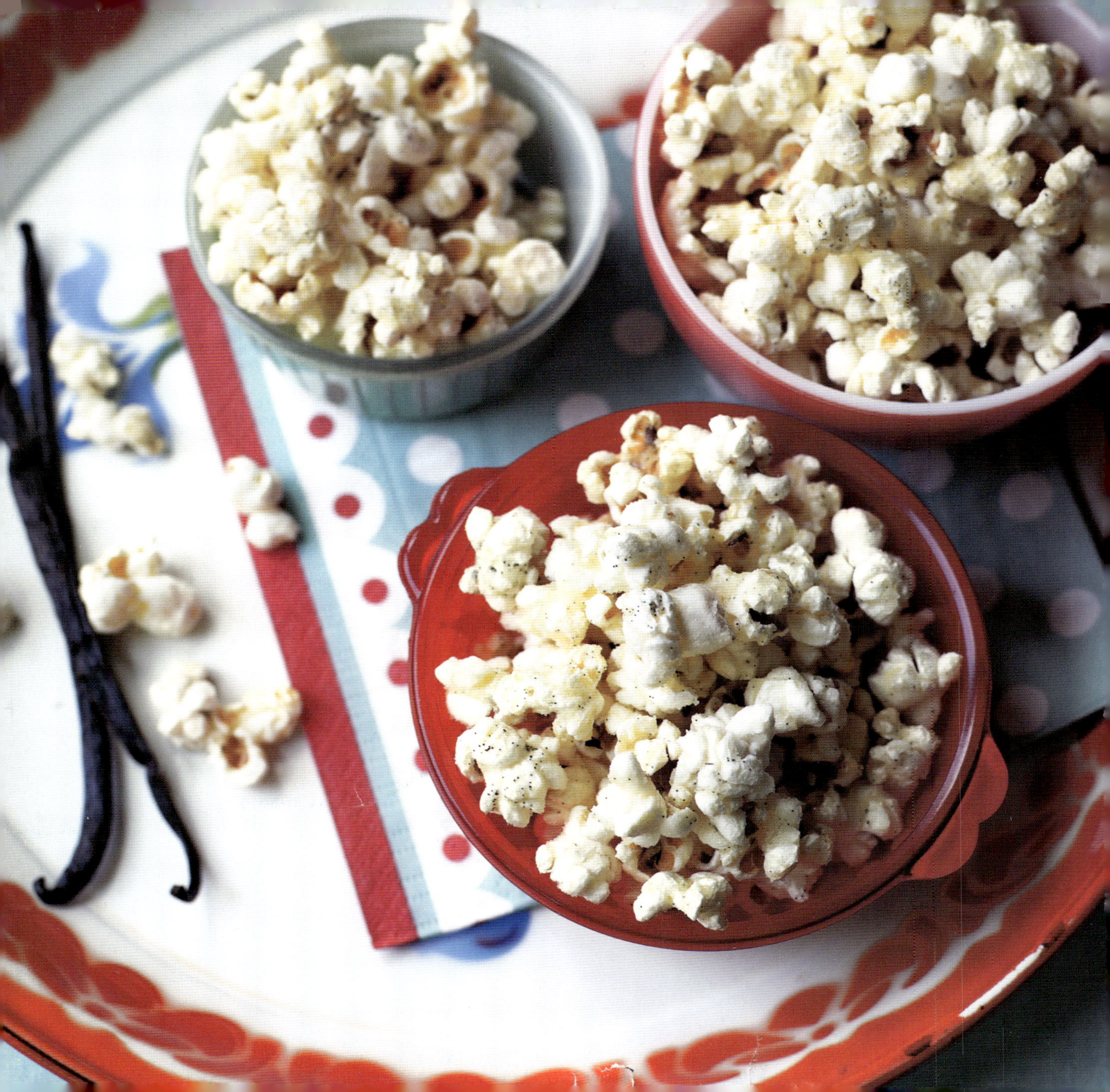

CREATIEF CULINAIR

popcorn traktaties

zoete & zoute lekkernijen

Hannah Miles

fotografie Tara Fisher

GOOD COOK PUBLISHING

Eerst uitgegeven in 2012 door Ryland Peters & Small
Oorspronkelijke uitgave *Popcorn treats*

Tekst © Hannah Miles 2012
Vormgeving en foto's
© Ryland Peters & Small 2012

Hoofd vormgeving Iona Hoyle
Hoofdredactie Rebecca Woods
Productie Laura Grundy
Art director Leslie Harrington
Tekstredactie Julia Charles
Styling rekwisieten Liz Belton
Styling recepten Annie Rigg
Index Hilary Bird

NEDERLANDSE UITGAVE
Uitgever: Bert J. Jans
Vertaling: Kim Maclean
Gezet door Vof Peters en Ellenbroek, Waaksens

Gedrukt en gebonden in China
Eerste Nederlandse druk 2012

© 2012 Good Cook Publishing

Good Cook Publishing is een geregistreerd handelsmerk van Kamphuis G.E.B.V.
Zwolle, Nederland

Alle rechten voorbehouden. Niets uit deze uitgave mag worden verveelvoudigd, opgeslagen in een geautomatiseerd gegevensbestand, of openbaar gemaakt in enige vorm of op enigerlei wijze, hetzij elektronisch, mechanisch, door fotokopieën, opnamen, of op welke andere wijze dan ook, zonder voorafgaande schriftelijke of uitdrukkelijke toestemming van de uitgever.

ISBN 978-94-6143-057-1
NUR-code 440

Dankbetuiging van de schrijfster
Zoals altijd bedank ik Ryland Peters & Small voor het uitgeven van dit boek. Julia Charles bedank ik voor haar geloof in mijn gekke popcorn-ideeën en Rebecca Woods voor haar zorgvuldige redactie. Iona Hoyle bedankt voor de schitterende opmaak, Annie Rigg en Liz Belton voor de pret bij het stylen en Tara Fisher voor de prachtige foto's. Een bijzonder woord van dank aan Amelia Champ van Zaramama voor de geweldige popcorn-inspiratie en voor de miljoenen korrels die ik voor het uitproberen van dit boek at – je verdiensten voor popcorn zijn legendarisch.
Ook veel dank aan mijn proefpanel – Jess, Miles, Mark, Katharine, Rosie, Lucy, David, Steve, Pam, Toby, Jana, Josef, Sacha, Alison, Apple en de dames van de Podington Naaikrans – ik hoop op een snel einde van de popcornverslaving!

Opmerkingen
• Alle opgegeven maten voor maatlepels betreffen afgestreken lepels, tenzij anders is aangegeven.
• Ovens moeter op de opgegeven temperatuur worden voorverwarmd. De recepten in dit boek zijn getest in een standaardoven. Volg bij gebruik van een convectieoven de gebruiksaanwijzing van die oven voor het aanpassen van de temperaturen.
• Alle eieren zijn groot, tenzij anders is aangegeven.
• Alle recepten geven aanwijzingen voor het bereiden van popcorn in een pan, maar je kunt hem ook in een speciale popcornmachine of in de magnetron maken. Neem bij gebruik van een magnetron alleen speciaal voor de magnetron verpakte popcorn.

inhoud

poffen maar!	6
zoet	8
hartig	22
traktaties	36
fijnproevers	50
index	64

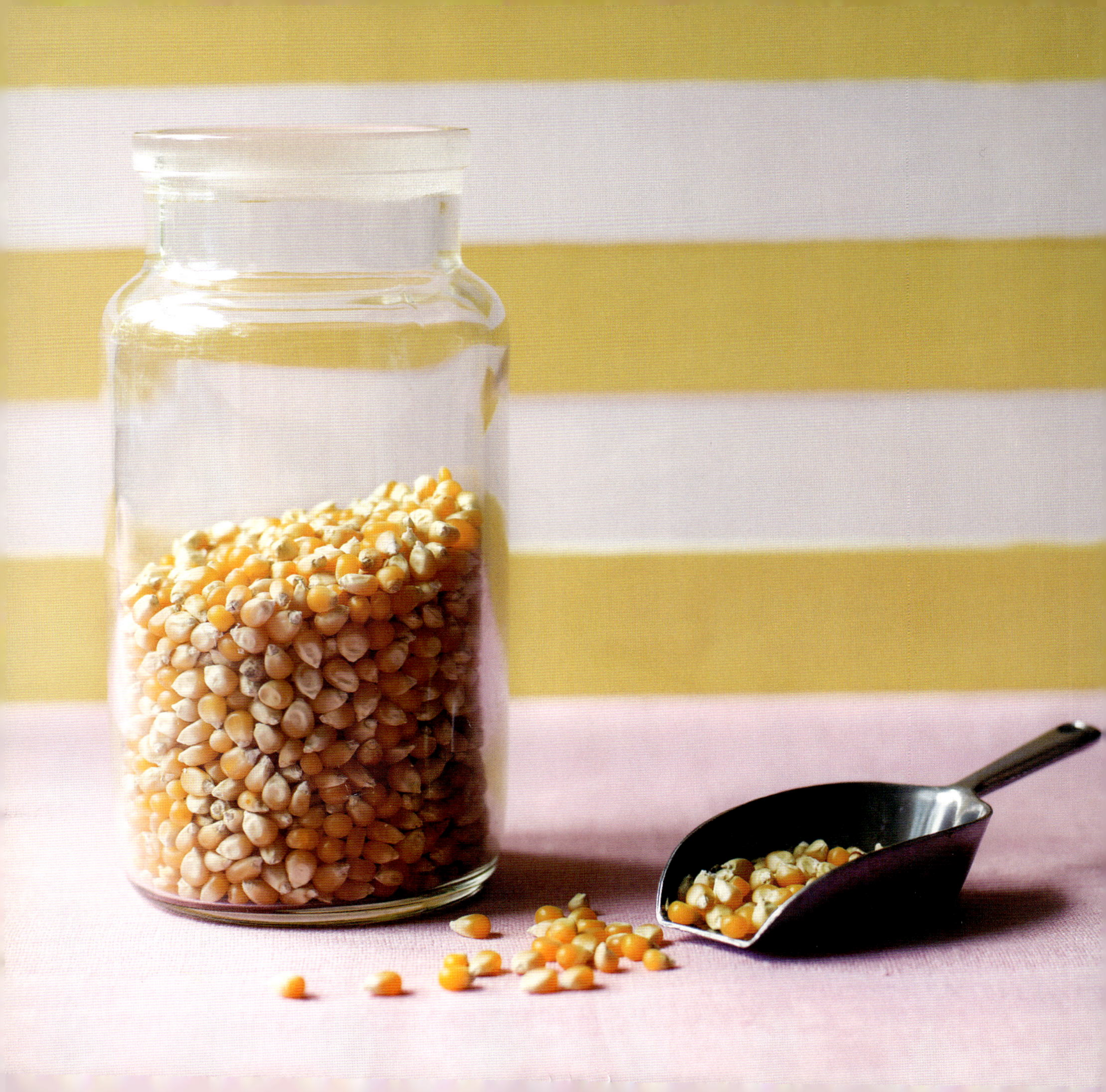

poffen maar!

popcorn – een bekende uit de bioscoop en de nieuwste trend in snacks! Je kunt popcorn poffen in een zware pan, in een popcornmachine of in een magnetron. Je kunt de heerlijke korrels verrijken met allerlei smaken, zowel zoet als hartig. Popcorn is perfect voor een DVD kijken thuis, voor in de lunchbox, of als opvallend cadeautje voor vrienden. Er is iets aan wachten op het poffen van de korrels in de pan waardoor je wel moet glimlachen. Mensen genieten al eeuwenlang van popcorn. Vaak heb ik me afgevraagd hoe de vrouw of man reageerde toen een korrel voor het eerste pofte. Het moet op toverkunst hebben geleken hoe een heerlijk maïswolkje tevoorschijn kwam uit een harde, droge korrel.

Je kunt popcorn op allerlei manieren klaarmaken. In de recepten in dit boek staan aanwijzingen voor het poffen van maïs in een zware pan. Maar als je vaak popcorn maakt, wil je misschien investeren in een traditionele popcornpan. Deze is voorzien van een spatel, zodat de korrels gelijkmatig poffen.

Je draait aan de hendel terwijl de korrels poffen, wat de ervaring alleen maar leuker maakt. Tegenwoordig zijn er ook veel elektrische popcornmachines te koop. Die leveren echt gezonde popcorn op, omdat de korrels in hete lucht poffen en niet in olie. De derde manier van klaarmaken is in de magnetron. Daarvoor mag je alleen speciaal voor de magnetron verpakte popcorn gebruiken en de aanwijzingen op de verpakking volgen, zodat de popcorn niet ontploft!

Er zijn ook pop-a-cobs te koop. Daarbij doe je een hele maïskolf in een speciale zak in de magnetron. Het is echt spectaculair om te zien hoe de korrels poffen.

Maïs zelf is er ook in tal van verschillende soorten, in allerlei maten en smaken. Van de piepkleine korrels van mini-maïs tot gekleurde maïs die de prachtig gekleurde popcorn oplevert. Koop altijd maïskorrels van goede kwaliteit, omdat die de beste smaak hebben. Als je popcorn met een laagje toffee of ander sterk smakend laagje gaat maken, is dat niet van essentieel belang. Let wel op, zeker als je popcorn verwerkt in ovenschotels van de soort in het hoofdstuk Traktaties, dat je alle niet gepofte korrels uit de popcorn verwijdert omdat deze keihard zijn en een gevaar voor je gebit betekenen.

Popcorn komt pas echt tot zijn recht met verschillende smaakgevers erbij. Zonder iets erbij heeft popcorn niet echt veel smaak. Hoewel hij heel goed eetbaar is, blijft popcorn toch een ideale basis voor je favoriete smaak. Ik houd meer van zoete dan van zoute popcorn, maar voor veel mensen geldt precies het tegenovergestelde. Het blijft een kwestie van smaak. Wat jouw voorkeur ook is, in dit boek vind je de allerbeste recepten voor popcorn - van pittige Thais en Indiaas op smaak gebrachte korrels, tot zoete met snoepgoed en verfijnde met zoute karamel. Er staan ook een paar aparte recepten tussen, zoals popcorn die je smaak geeft met je favoriete cocktaildrankjes – Bloody Mary en Margarita.

Je kunt popcorn ook op veel manieren serveren in een grote kom, of in individuele porties in aantrekkelijke zakjes, of zelfs als inhoud van de lunchdoos. Natuurlijk kan je ook leuke retro-dozen online kopen en je popcorn zo thuis serveren terwijl je samen geniet van een DVD. Verpak popcorn die je als cadeautje geeft in kleine zakjes met leuke linten eromheen, of geef hem in een grappig weckpotje met etiket erop. In de kersttijd kan je popcorn ook aan lange draden rijgen en die gebruiken om je kerstboom mee op te tooien.

Zoals je merkt, zijn de mogelijkheden met popcorn eindeloos. Dus welke smaak je ook kiest,

poffen maar!

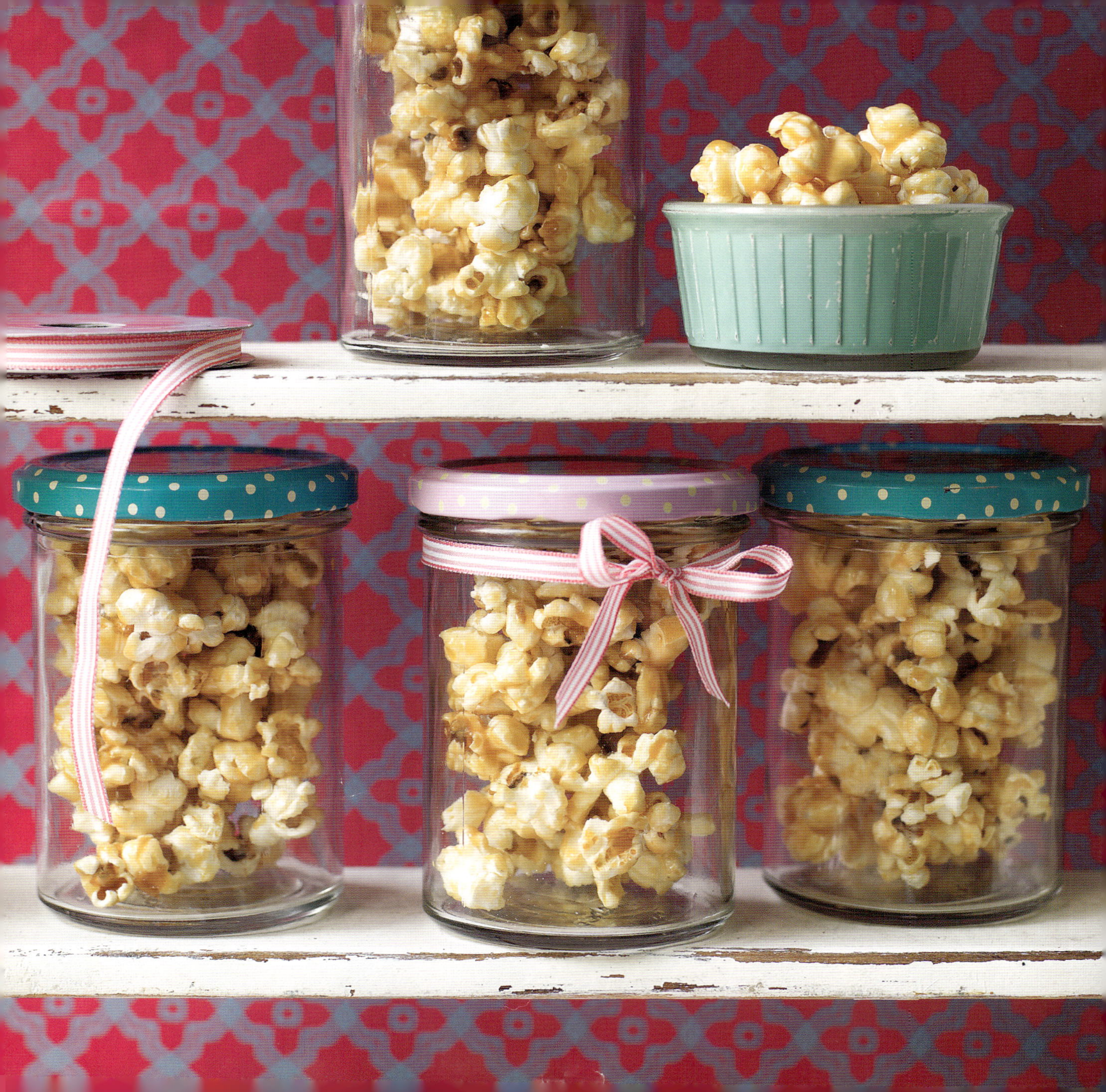

zoet

Popcorn met karamel is een echte klassieker. Hoewel je nu allerlei soorten popcorn in de winkel kunt kopen, gaat er niets boven de smaak van zelfgepofte toffeepopcorn met rond elke gepofte korrel heerlijk romige toffeesaus.

popcorn met toffeeboter

Verhit de olie in een zware pan met deksel met wat popcornkorrels in de pan. Doe er zodra je de korrels hoort poffen de rest van de korrels bij. Schud de pan af en toe op het vuur tot het poffen ophoudt. Wees voorzichtig bij het optillen van het deksel, omdat niet gepofte korrels plotseling alsnog kunnen poffen. Doe de popcorn in een kom en haal er niet gepofte korrels uit. Gooi die weg.

Doe de boter met de suiker, Golden Syrup, vanille-essence en wat zeezout in een kleine steelpan. Laat onder regelmatig omscheppen zachtjes sudderen tot de boter is gesmolten en de suiker is opgelost. Je moet zo een mooi dikke toffeesaus krijgen.

Giet de warme toffeesaus over de popcorn. Schep goed om, zodat alle popcorn met saus bedekt is. Dien naar wens warm of koud op. Schep voor koude popcorn de popcorn tijdens het afkoelen wel om de 20 minuten om, zodat ze niet aan elkaar plakken.

1-2 eetlepels zonnebloemolie of plantaardige olie

90 g popcornkorrels

70 g boter

100 g bruine suiker

60 ml Golden Syrup

1 theelepel vanille-essence

een snufje zeezout

Voor 1 grote kom

Ik nam deze popcorn met wat andere soorten popcorn mee naar een avondje met vriendinnen, en deze kom was het eerst leeg. De lichtrinse smaak van de frambozen wordt getemperd door de romige witte chocolade. Een verrukkelijke combinatie!

popcorn met frambozen & witte chocolade

1-2 eetlepels zonnebloemolie of plantaardige olie

90 g popcornkorrels

100 g boter

1 theelepel vanille-essence

15 g gevriesdroogd frambozenpoeder *

100 g witte-chocoladechips

Voor 1 grote kom

Verhit de olie in een zware pan met deksel met wat popcornkorrels in de pan. Giet er zodra je de korrels hoort poffen de rest van de korrels bij. Schud de pan af en toe op het vuur tot het poffen ophoudt. Wees voorzichtig bij het optillen van het deksel, omdat niet gepofte korrels plotseling alsnog kunnen poffen. Doe de popcorn in een kom en haal er niet gepofte korrels uit. Gooi die weg.

Laat in een steelpan de boter smelten en voeg de vanille-essence toe.

Giet de boter over de popcorn. Schep goed om tot de popcorn er rondom mee bedekt is. Strooi er terwijl de popcorn nog warm is het frambozenpoeder over en schep er dan snel de witte-chocoladechips door, zodat die in de popcorn smelten. Je kunt deze popcorn warm of koud eten.

*tip Gevriesdroogd frambozenpoeder is bij speciaalwinkels en op het internet te koop. Je kunt als je frambozenpoeder niet kan kopen het zelf maken. Laat frambozen 6 tot 8 uur drogen op een heel lage temperatuur in de oven. Draai ze dan in een blender tot poeder.

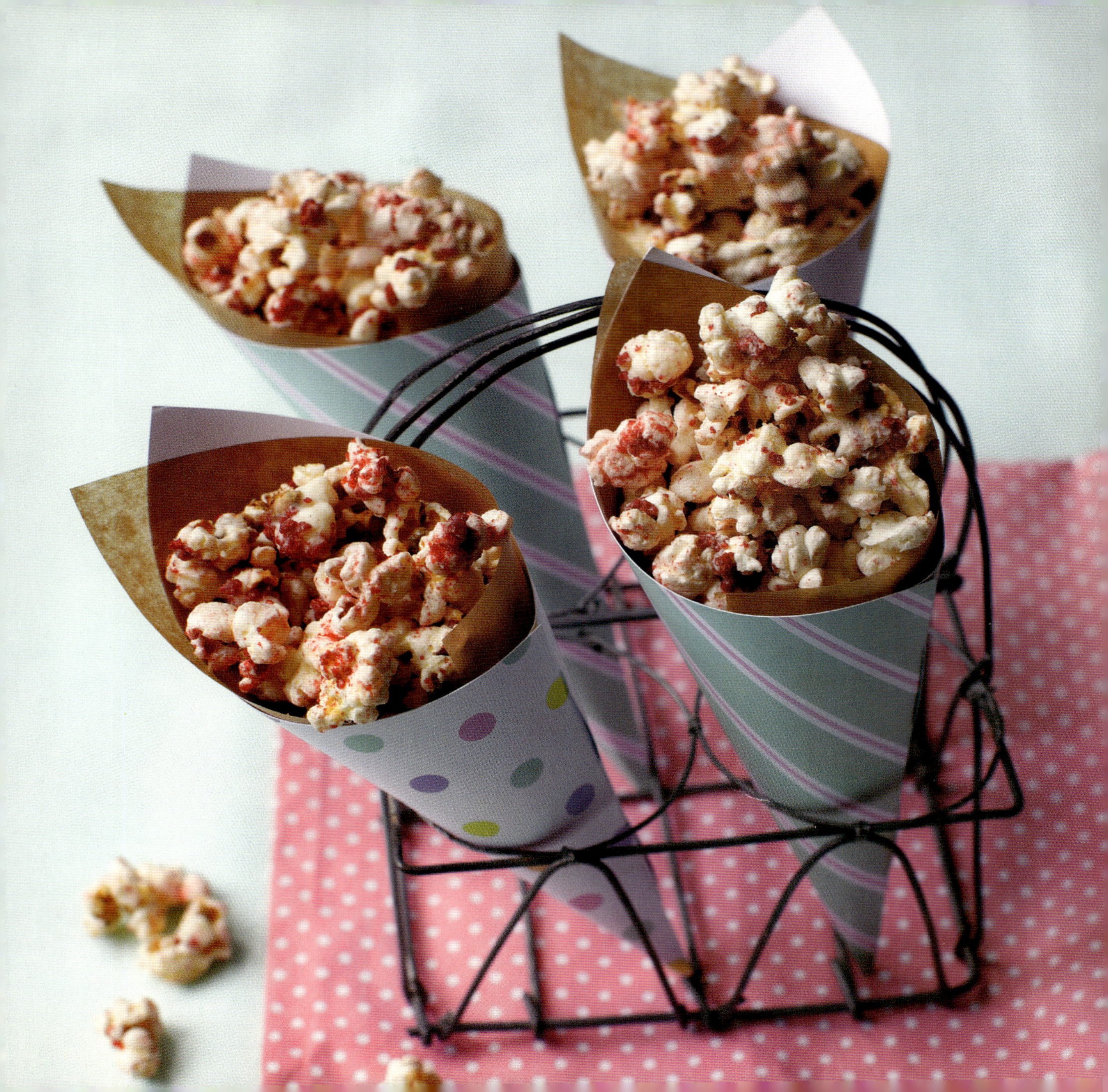

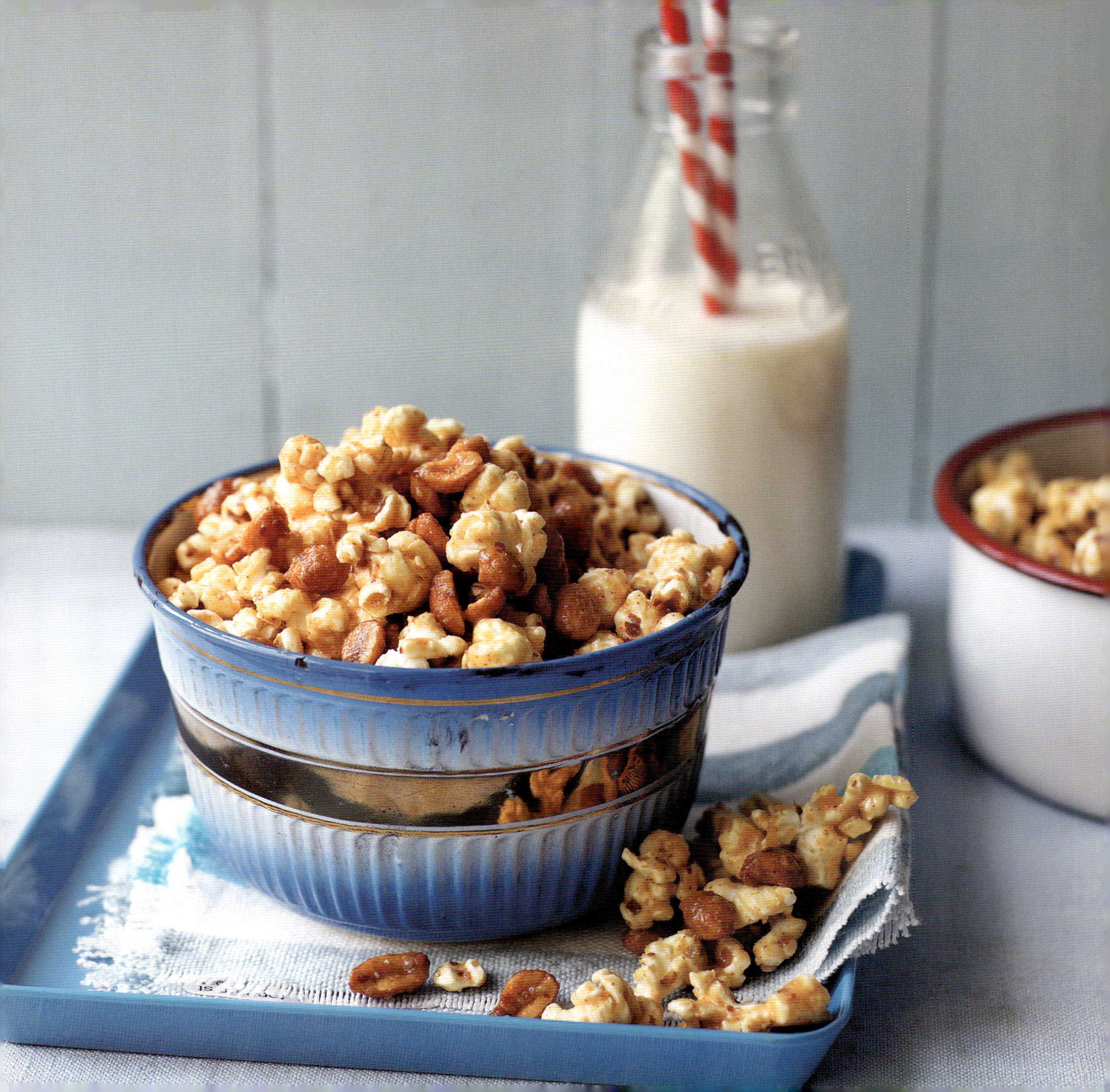

Zaramama, de koningin van popcorn, was een bron van inspiratie voor dit boek. Haar prachtige kleurrijke popcorn en 'pop-a-cobs' zijn onweerstaanbaar. Zij was zo aardig om haar recept voor pindakaaspopcorn met mij delen. Dit recept is in de loop der jaren verfijnd en is nu perfect. Als je fan bent van Reese's pieces (smartieachtige snoepjes met pindakaasvulling) kan je een handvol van deze snoepjes of anders een handvol chocoladechips door het mengsel scheppen.

zaramama's pindakaaspopcorn

Verhit de olie in een zware pan met deksel met wat popcornkorrels in de pan. Giet er zodra je de korrels hoort poffen de rest van de korrels bij. Schud de pan af en toe op het vuur tot het poffen ophoudt. Wees voorzichtig bij het optillen van het deksel, omdat niet gepofte korrels plotseling alsnog kunnen poffen. Doe de popcorn in een kom en haal er niet gepofte korrels uit. Gooi die weg.

Doe de pindakaas, boter, suiker en vanille-essence in een kleine pan. Verhit al omscheppend zachtjes zodat de saus niet aanbakt tot de boter gesmolten is en de suiker is opgelost.

Giet de pindasaus over de popcorn. Schep goed om tot de popcorn er rondom mee bedekt is. Voeg de met honing geroosterde pinda's toe en schep alles weer goed om. Dien warm of koud op.

1-2 eetlepels zonnebloemolie of plantaardige olie

90 g popcornkorrels

170 g pindakaas (gladde of grove)

80 g boter

50 g suiker

1 theelepel vanille-essence

100 g met honing geroosterde pinda's

Voor 1 grote kom

Vanillestokjes zijn een luxe omdat ze behoorlijk duur zijn. Men oogst ze van de vanilleorchidee die met de hand wordt bestoven. Vandaar dat ze zo duur zijn. De beste vanille komt uit Madagaskar en India. Deze popcorn lijkt wel eenvoudig, maar de vanillesmaak is onweerstaanbaar. De botersaus is gespikkeld met donkere vanillezaadjes en die geven de popcorn een heerlijke geur.

vanillepopcorn

1-2 eetlepels zonnebloemolie of plantaardige olie
90 g popcornkorrels
1 vanillestokje*
80 g boter
70 g fijne tafelsuiker
Voor 1 grote kom

Verhit de olie in een zware pan met deksel met wat popcornkorrels in de pan. Giet er zodra je de korrels hoort poffen de rest van de korrels bij. Schud de pan af en toe op het vuur tot het poffen ophoudt. Wees voorzichtig bij het optillen van het deksel, omdat niet gepofte korrels plotseling alsnog kunnen poffen. Doe de popcorn in een kom en haal er niet gepofte korrels uit. Gooi die weg.

Snijd het vanillestokje in de lengte doormidden. Schraap met de ronde punt van een tafelmes de zaadjes uit beide helften. Doe het stokje en de zaadjes in een kleine pan met de boter. Laat al roerend zachtjes verhitten tot de boter gesmolten is.

Neem het vanillestokje uit de pan. Giet de vanilleboter over de popcorn. (Bewaar het vanillestokje. Zie de tip hieronder voor hergebruik van het stokje.) Strooi er de suiker over. Schep alles goed om, zodat de korrels er rondom mee bedekt worden. Deze popcorn is heerlijk warm of koud.

*tip Je kunt als je geen vanillestokje hebt vanillesuiker gebruiken. Laat in dat geval de tafelsuiker weg. Je kunt ook een paar theelepels vanillepasta of vanille-essence door de boter roeren. Nadat je de zaadjes uit het stokje hebt geschraapt, zit er nog veel smaak in. Spoel het stokje af en dep het goed droog. Stop het dan in een pot suiker en laat die ongeveer drie weken staan om er vanillesuiker van te maken.

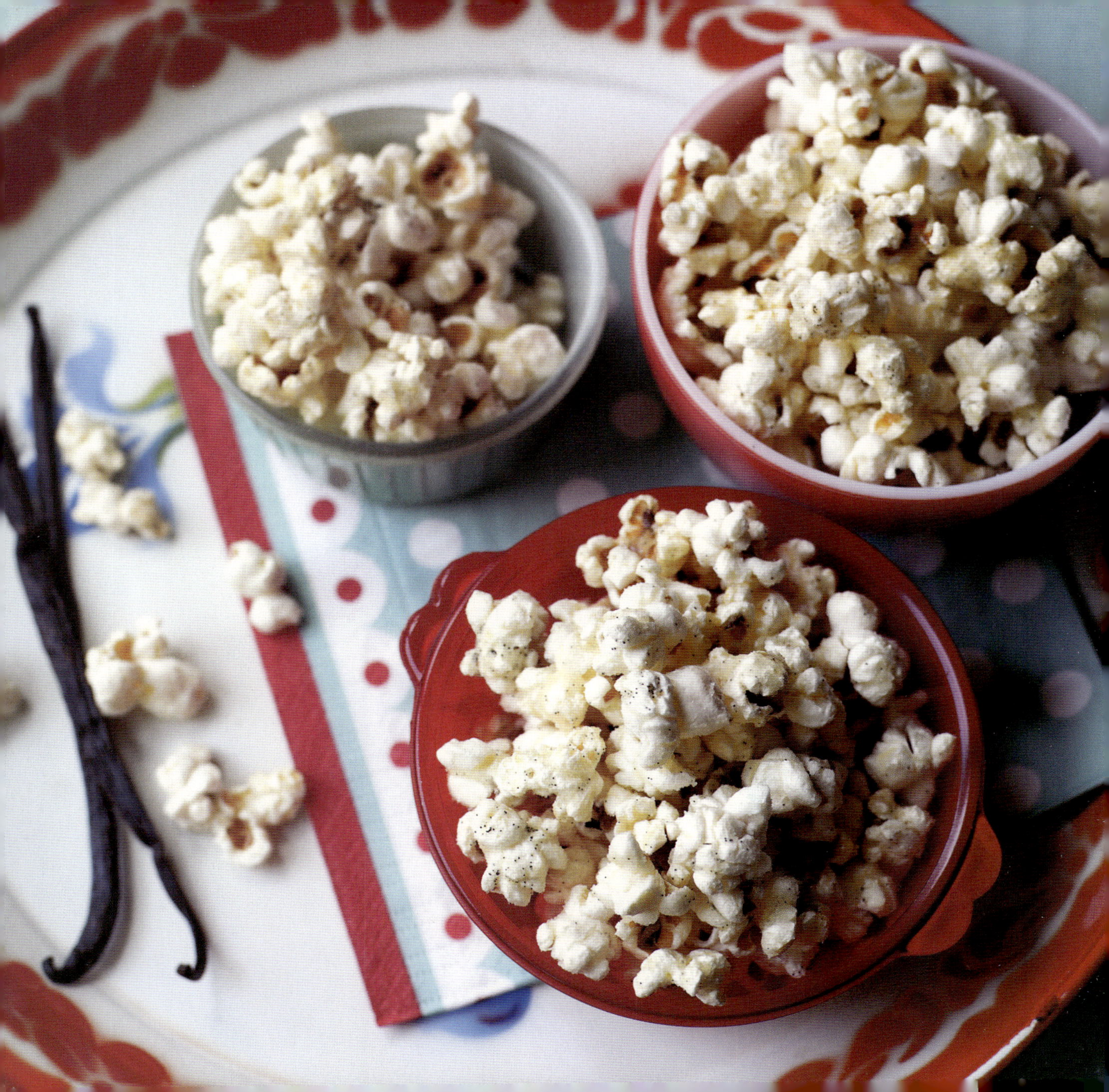

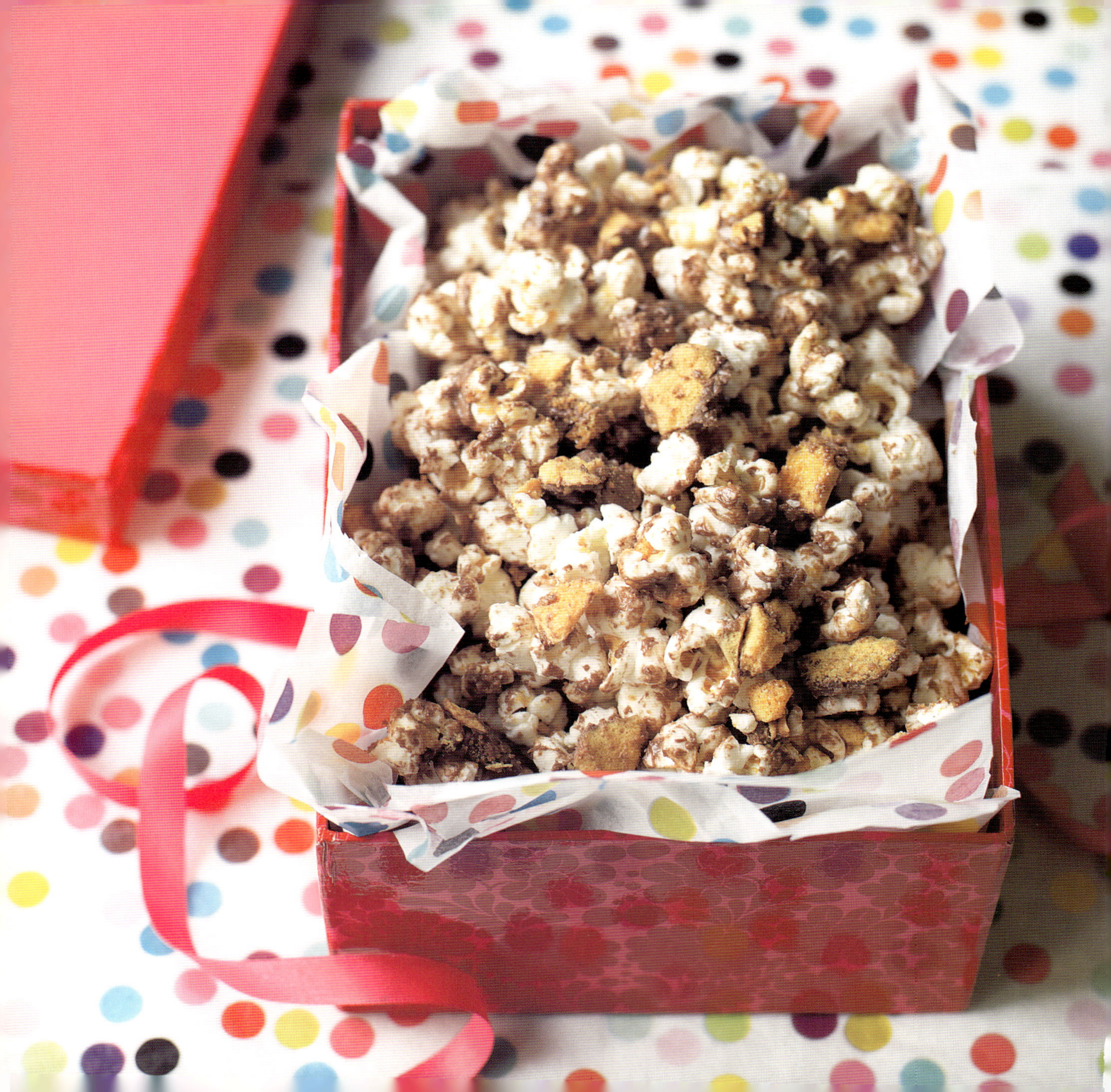

Deze heerlijke popcorn breng je op smaak met gesmolten chocolade en stukjes Crunchie. Het recept is de eenvoud zelf en is in een mum van tijd klaar. Maar let wel op. Deze popcorn is heel verslavend en voordat je het weet is de kom leeg!

toffee-chocoladepopcorn

Verhit de zonnebloemolie in een zware pan met deksel met wat popcornkorrels in de pan. Giet er zodra je de korrels hoort poffen de rest van de korrels bij. Schud de pan af en toe op het vuur tot het poffen ophoudt. Wees voorzichtig bij het optillen van het deksel, omdat niet gepofte korrels plotseling alsnog kunnen poffen. Doe de popcorn in een kom en haal er de niet gepofte korrels uit. Gooi die weg.

Breek de Crunchiereep in kleine stukjes. Als je Crunchierepen in de verpakking gebruikt, kan je ze in stukjes breken door er met een deegroller overheen te gaan. Doe losse stukjes honingraattoffee als je die gebruikt in een schone plasticzak met schuifsluiting, of wikkel ze in een schone theedoek en tik ze met een deegroller in stukjes.

Strooi de stukjes Crunchie over de nog warme popcorn. Schep goed om, zodat de chocolade gaat smelten en de toffee daardoor aan de popcorn gaat plakken. Je kunt deze popcorn warm of koud eten.

1-2 eetlepels zonnebloemolie of plantaardige olie

90 g popcornkorrels

160 g met chocolade omhulde honingraattoffee (zoals repen Crunchie of Butterfinger)

50 g melkchocoladechips

Voor 1 grote kom

Als je van bananen houdt, is dit popcornrecept echt iets voor jou. Hier bedek je de popcorn met esdoornsiroop en dan met bananenpoeder. Je serveert de popcorn met bananenchips. Eet deze popcorn warm.

bananen-esdoornpopcorn

200 g bananenchips
1-2 eetlepels zonnebloemolie of plantaardige olie
90 g popcornkorrels
80 g boter
80 ml esdoornsiroop

Voor 1 grote kom

Doe 120 g bananenchips in een keukenmachine en draai ze tot poeder.

Verhit de olie in een zware pan met deksel met wat popcornkorrels in de pan. Giet er zodra je de korrels hoort poffen de rest van de korrels bij. Schud de pan af en toe op het vuur tot het poffen ophoudt. Wees voorzichtig bij het optillen van het deksel, omdat niet gepofte korrels plotseling alsnog kunnen poffen. Doe de popcorn in een kom en haal er de niet gepofte korrels uit. Gooi die weg.

Doe de boter met de esdoornsiroop in een kleine pan en verhit zachtjes al roerend tot de boter gesmolten is.

Giet de esdoornboter over de popcorn. Strooi er het bananenchippoeder over en schep er de overgebleven bananenchips door tot alles goed gemengd is. Deze popcorn is warm het lekkerst.

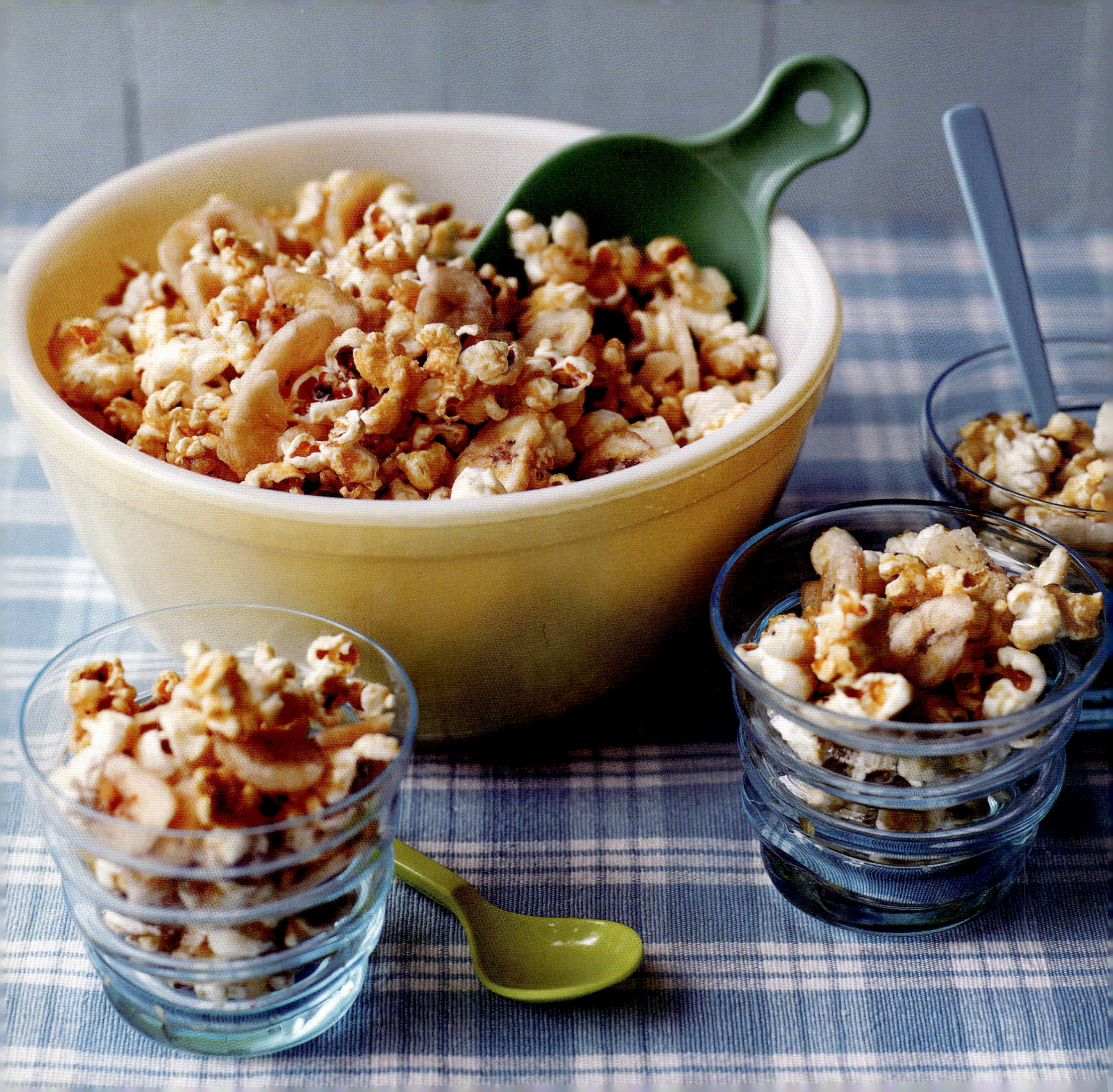

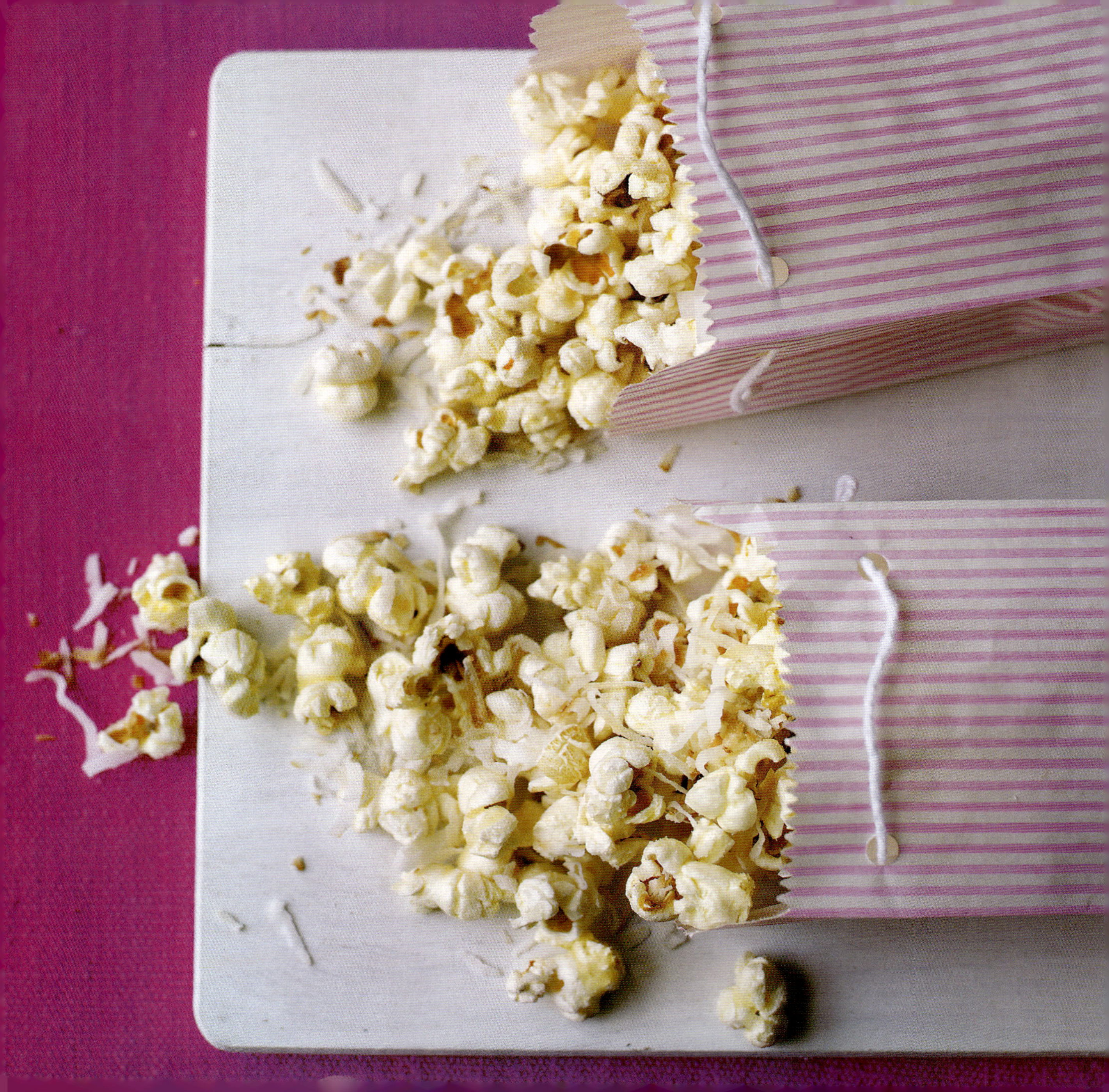

Lange slierten kokos zijn heerlijk wanneer je ze roostert. Gemengd met een klein beetje extra vierge kokosolie maak je een tropische popcorn. Je kunt er ook een scheutje kokosrum over sprenkelen om het helemaal bijzonder te maken.

kokospopcorn

Rooster de slierten kokos onder voortdurend roeren in een kleine, zware, droge koekenpan tot ze goudgeel en geurig worden. Blijf de hele tijd roeren, omdat de slierten snel aanbranden. Schep de slierten kokos over in een schaal en zet weg.

Verhit de olie in een zware pan met deksel met wat popcornkorrels in de pan. Giet er zodra je de korrels hoort poffen de rest van de korrels bij. Schud de pan af en toe op het vuur tot het poffen ophoudt. Wees voorzichtig bij het optillen van het deksel, omdat niet gepofte korrels plotseling alsnog kunnen poffen. Doe de popcorn in een kom en haal er de niet gepofte korrels uit. Gooi die weg.

Doe de kokosolie in een kleine pan. Laat al roerend zachtjes verhitten tot de olie gesmolten is.

Giet de gesmolten kokosolie over de popcorn. Strooi er de geroosterde slierten kokos en de suiker over en schep alles goed om. Je kunt deze popcorn warm of koud serveren.

100 g lange, zachte slierten gedroogde kokos (te koop bij oosterse speciaalwinkels)

1-2 eetlepels zonnebloemolie of plantaardige olie

90 g popcornkorrels

100 g extra vierge kokosolie

60 g fijne tafelsuiker

Voor 1 grote kom

hartig

Deze popcorn is eenvoudig, maar erg lekker. De hoeveelheid zout en peper is persoonlijk, dus begin met een kleine beetje en breng dan verder naar wens op smaak. Voor dit recept zijn kleine popcornkorrels heel geschikt, omdat ze het zout en de peperkorrels goed vasthouden.

zout & peper popcorn

1-2 eetlepels zonnebloemolie of plantaardige olie

90 g popcornkorrels, liefst mini-korrels

zeezout en versgemalen zwarte peper.

Voor 1 grote kom

Verhit de olie in een zware pan met deksel met wat popcornkorrels in de pan. Giet er zodra je de korrels hoort poffen de rest van de korrels bij. Schud de pan af en toe op het vuur tot het poffen ophoudt. Wees voorzichtig bij het optillen van het deksel, omdat niet gepofte korrels plotseling alsnog kunnen poffen. Doe de popcorn in een kom en haal er de niet gepofte korrels uit. Gooi die weg.

Bestrooi de popcorn met zout en peper (ongeveer 1 theelepel van elk is voor mij goed) en serveer warm of koud.

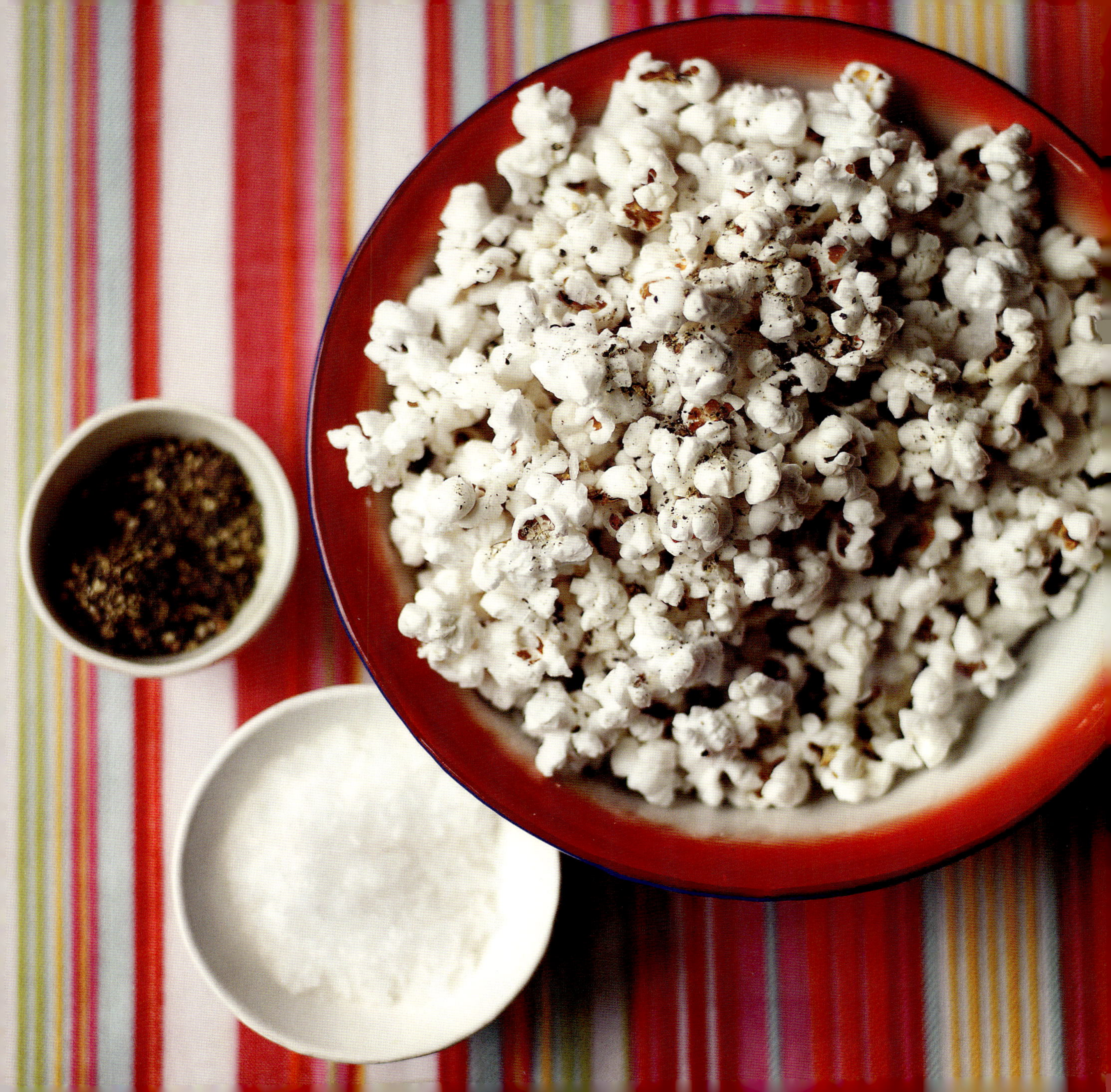

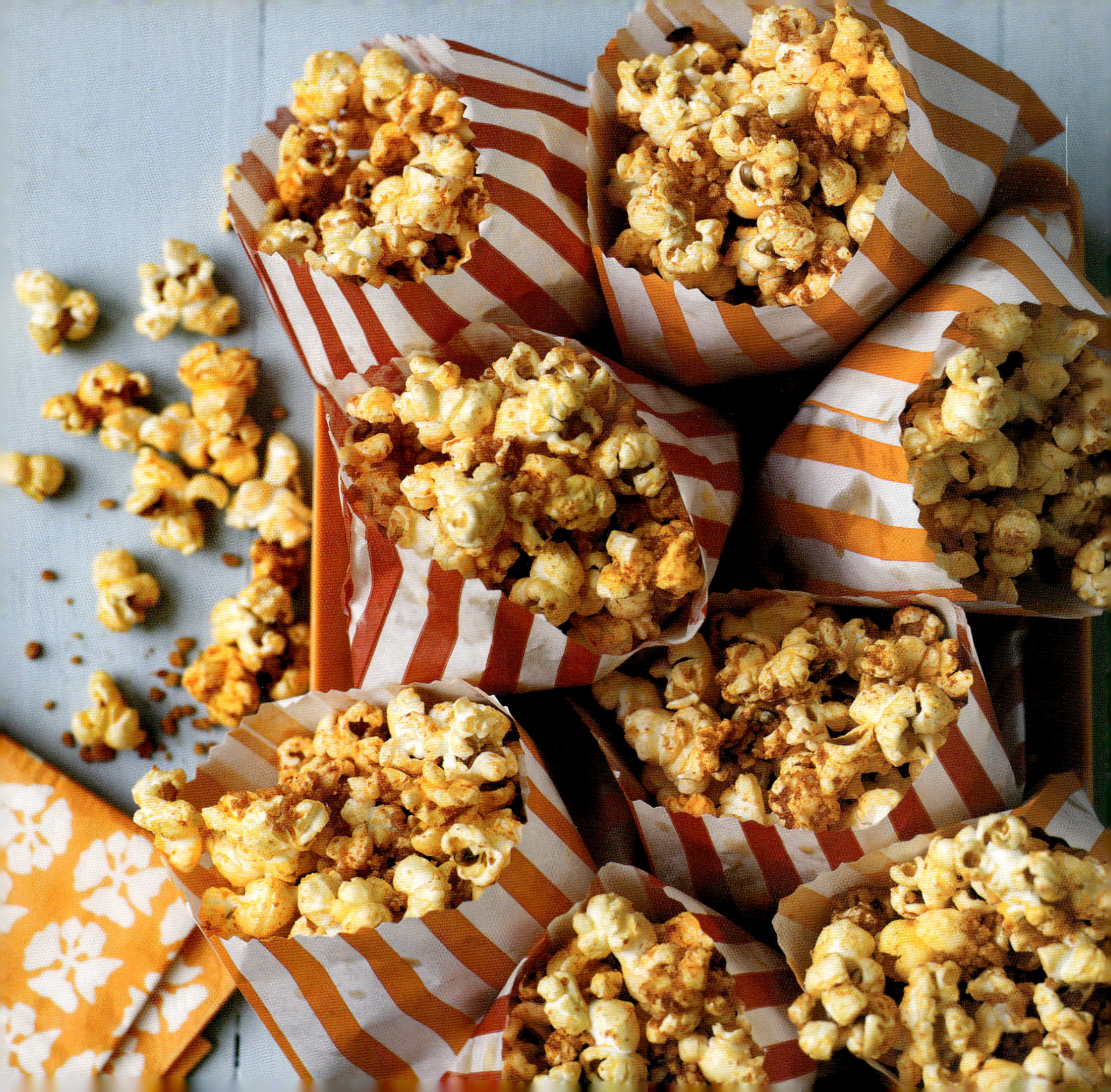

In mijn jeugd waren baconchips heel populair. Ze zijn de inspiratie achter deze smakelijke popcorn met zelfgemaakt baconpoeder en flink wat paprikapoeder. Je kunt jezelf verwennen en vlak voor het serveren wat geraspte kaas over de nog warme popcorn strooien. Laat de kaas dan even lekker smelten.

popcorn met paprika & bacon

Draai de krokante baconchips tot een fijn poeder in een keukenmachine en zet het poeder weg.

Verhit de olie in een zware pan met deksel met wat popcornkorrels in de pan. Giet er zodra je de korrels hoort poffen de rest van de korrels bij. Schud de pan af en toe op het vuur tot het poffen ophoudt. Wees voorzichtig bij het optillen van het deksel, omdat niet gepofte korrels plotseling alsnog kunnen poffen. Doe de popcorn in een kom en haal er niet gepofte korrels uit. Gooi die weg.

Laat de boter smelten in een kleine pan op matig vuur. Giet over de nog warme popcorn. Strooi er het baconpoeder en het paprikapoeder over. Schep alles goed om. Breng op smaak met versgemalen zwarte peper.

Strooi de kaas als je die gebruikt over de popcorn terwijl die nog warm is, zodat de kaas over de popcorn smelt. Dien warm of koud op.

50 g baconchips

1-2 eetlepels zonnebloemolie of plantaardige olie

90 g popcornkorrels

60 g boter

2 theelepels Spaans gerookt-paprikapoeder (pimentón)

versgemalen zwarte peper

50 g geraspte belegen kaas, voor het serveren (desgewenst)

Voor 1 grote kom

Dit recept voert je naar de bruisende markten in India waar popcorn bij allerlei kraampjes te koop is. Je brengt deze popcorn op smaak met specerijen, zoetzure pickle, chutney en naar noten smakende ghee. Serveer bijvoorbeeld als borrelhapje.

bombay popcorn

1-2 eetlepels zonnebloemolie of plantaardige olie
90 g popcornkorrels
60 g ghee (geklaarde boter)
1 eetlepel nigellazaad
1 eetlepel gedroogd kerrieblad
1 flinke eetlepel limoenpickle
1 flinke eetlepel mangochutney

Voor 1 grote kom

Verhit de olie in een zware pan met deksel met wat popcornkorrels in de pan. Giet er zodra je de korrels hoort poffen de rest van de korrels bij. Schud de pan af en toe op het vuur tot het poffen ophoudt. Wees voorzichtig bij het optillen van het deksel, omdat niet gepofte korrels plotseling alsnog kunnen poffen. Doe de popcorn in een kom en haal er niet gepofte korrels uit. Gooi die weg.

Laat in een pan op laag vuur de ghee smelten. Schep er het nigellazaad en kerrieblad door en laat een paar minuten bakken om de ghee extra smaak te geven. Schep er daarna de limoenpickle en mangochutney door en laat alles nog een paar minuten bakken.

Giet de kruidige ghee over de popcorn. Schep goed om tot alle korrels met het mengsel bedekt zijn. Dien warm of koud op.

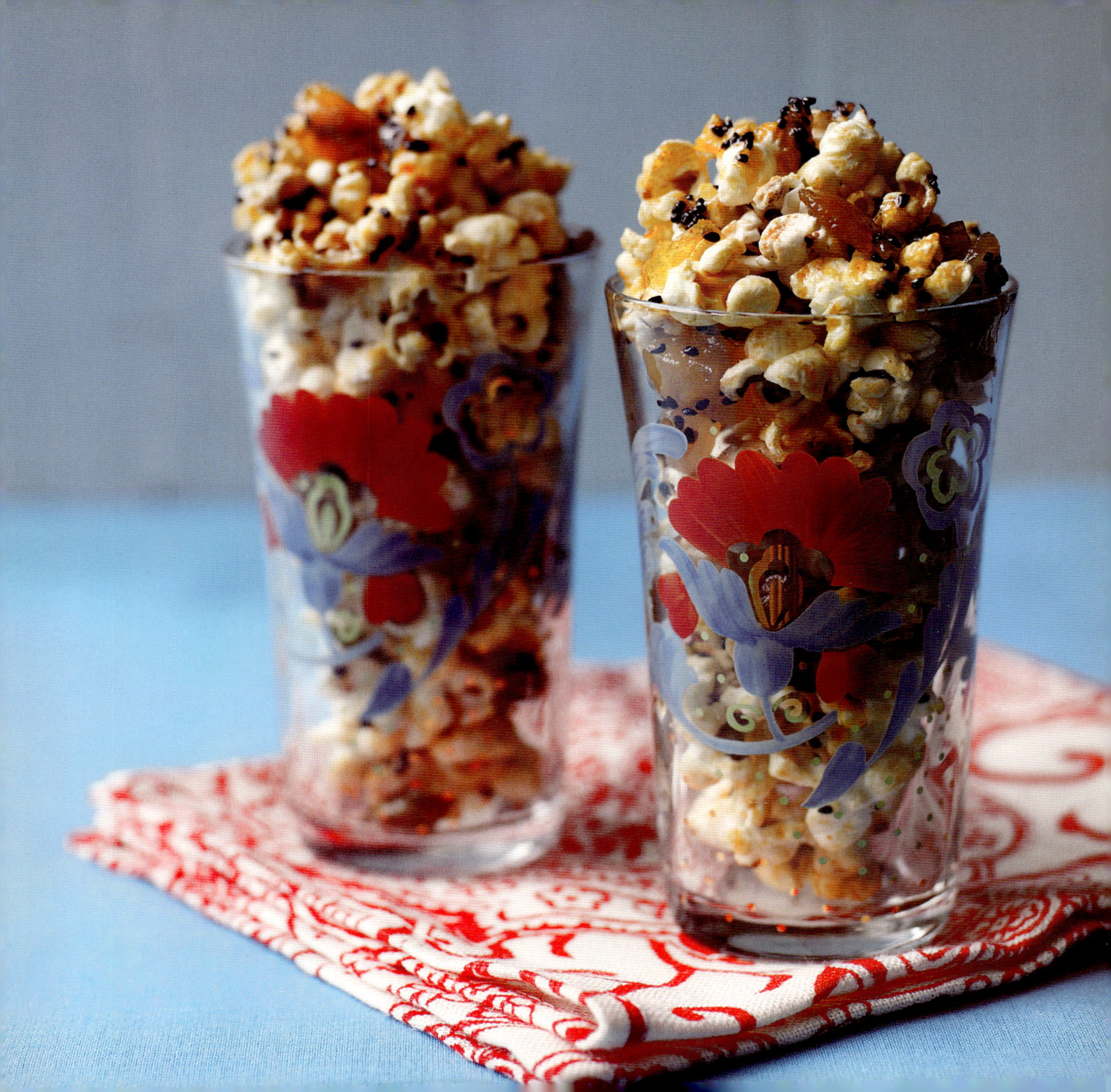

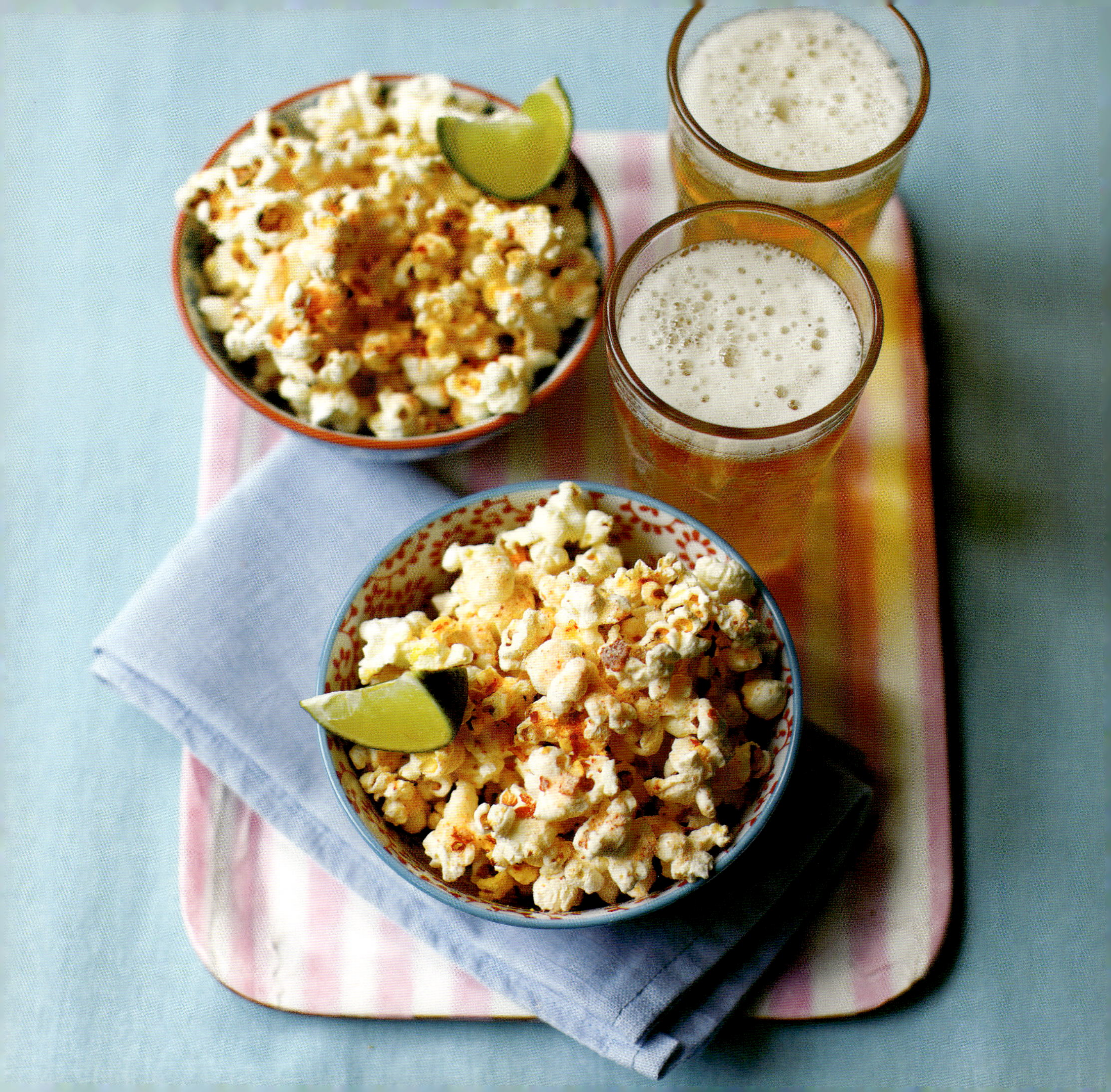

Misschien lijkt het vreemd om suiker door hartige popcorn te scheppen, maar die versterkt de smaak van de chilipeper en tempert tegelijkertijd de scherpte. De hoeveelheid chilipeper is afhankelijk van hoe pittig je de popcorn wenst – een chilipeper is vrij mild, drie is erg pikant.

chilipopcorn

Verhit de olie in een zware pan met deksel met wat popcornkorrels in de pan. Giet er zodra je de korrels hoort poffen de rest van de korrels bij. Schud de pan af en toe op het vuur tot het poffen ophoudt. Wees voorzichtig bij het optillen van het deksel, omdat niet gepofte korrels plotseling alsnog kunnen poffen. Doe de popcorn in een kom en haal er niet gepofte korrels uit. Gooi die weg.

Stamp het zout met de chilipeper en suiker in een vijzel tot poeder. Strooi het chilipepermengsel over de popcorn. Knijp er een beetje limoensap over om de smaken te versterken. Schep alles goed om, zodat de popcorn gelijkmatig met het mengsel bedekt wordt. Serveer warm of koud.

1-2 eetlepels zonnebloemolie of plantaardige olie

90 g popcornkorrels

1 theelepel zout

1-3 kleine, gedroogde Thaise chilipepers

2 theelepels fijne tafelsuiker

het versgeperste sap van 1 limoen

Voor 1 grote kom

Ik ben gek op de smaken van Thailand — rinse limoen, geurig kerrieblad, chilipepers en citroengras. Je kunt zelf je eigen groene kerriepasta maken, maar er zijn ook uitstekende kant-en-klare kerriepasta's in de supermarkt verkrijgbaar. Zo bespaar je jezelf tijd en energie. Kant-en-klare pasta's verschillen in scherpte, dus misschien moet je de hoeveelheid aanpassen.

thaise kruidige popcorn

100 g (6 eetlepels) extra vierge kokosolie, plus 1-2 eetlepels om de popcorn te bakken

90 g popcornkorrels

1 eetlepel Thaise groene kerriepasta

1 theelepel citroengraspuree *

de geraspte schil van 1 onbespoten limoen

2 theelepels suiker

1 flinke eetlepel fijngehakte verse koriander

zeezout en versgemalen zwarte peper

Voor 1 grote kom

Verhit 1-2 eetlepels olie in een zware pan met deksel met wat popcornkorrels in de pan. Giet er zodra je de korrels hoort poffen de rest van de korrels bij. Schud de pan af en toe op het vuur tot het poffen ophoudt. Wees voorzichtig bij het optillen van het deksel, omdat niet gepofte korrels plotseling alsnog kunnen poffen. Doe de popcorn in een kom en haal er niet gepofte korrels uit. Gooi die weg.

Laat de overgebleven extra vierge kokosolie smelten in een kleine pan op laag vuur. Voeg de kerriepasta, citroengraspuree en geraspte limoenschil toe. Laat al omscheppend een paar minuten bakken.

Giet de kruidige olie over de warme popcorn. Strooi er de suiker, koriander, wat zout en versgemalen peper over. Schep alles goed om. Je kunt deze popcorn warm of koud eten.

*tip Citroengraspuree is te koop bij goed gesorteerde oosterse winkels. Je kunt de puree ook zelf maken. Hak in dat geval een stukje citroengras van 2 cm heel fijn. Stamp het dan met 1 eetlepel plantaardige olie in een vijzel.

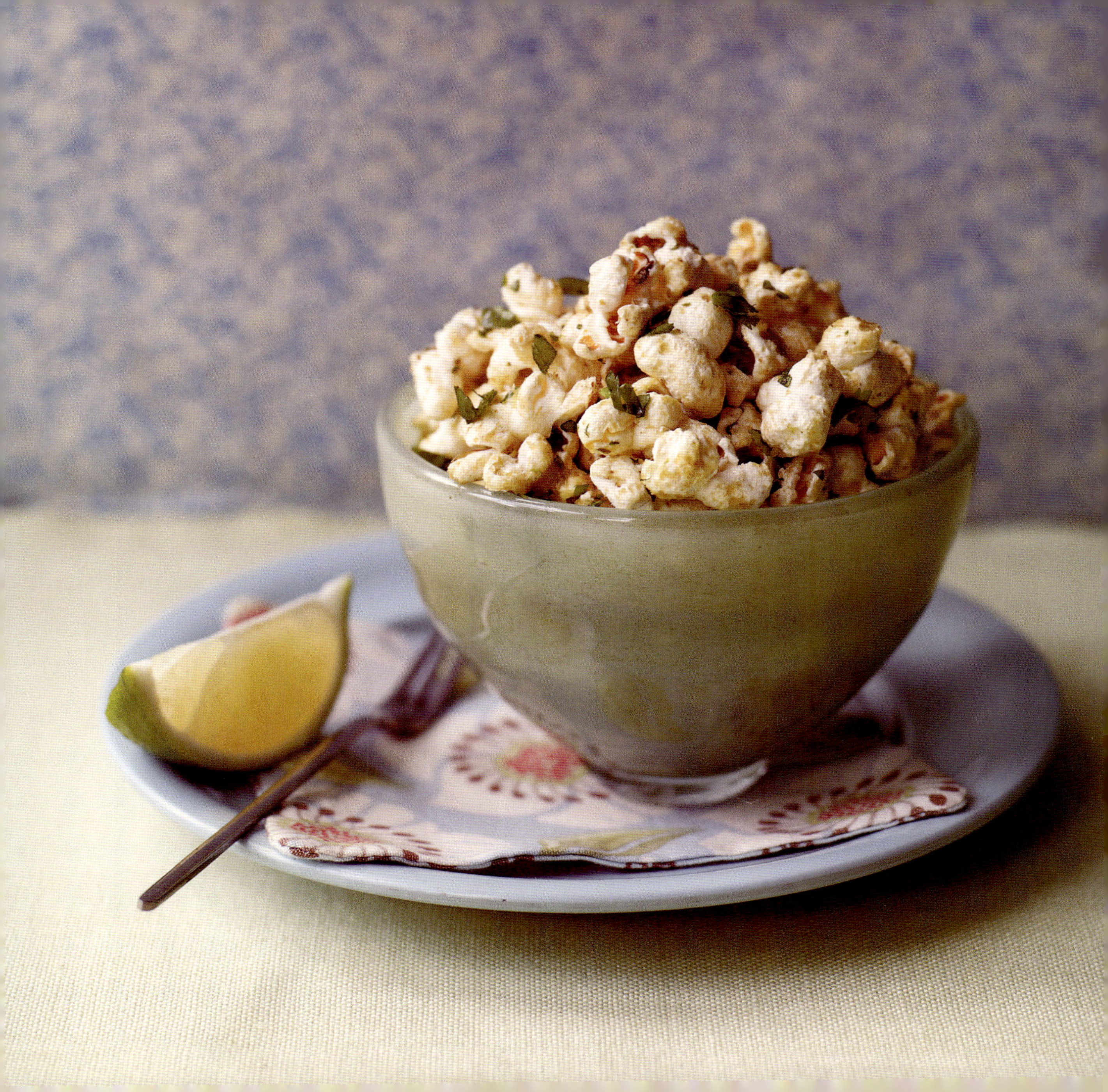

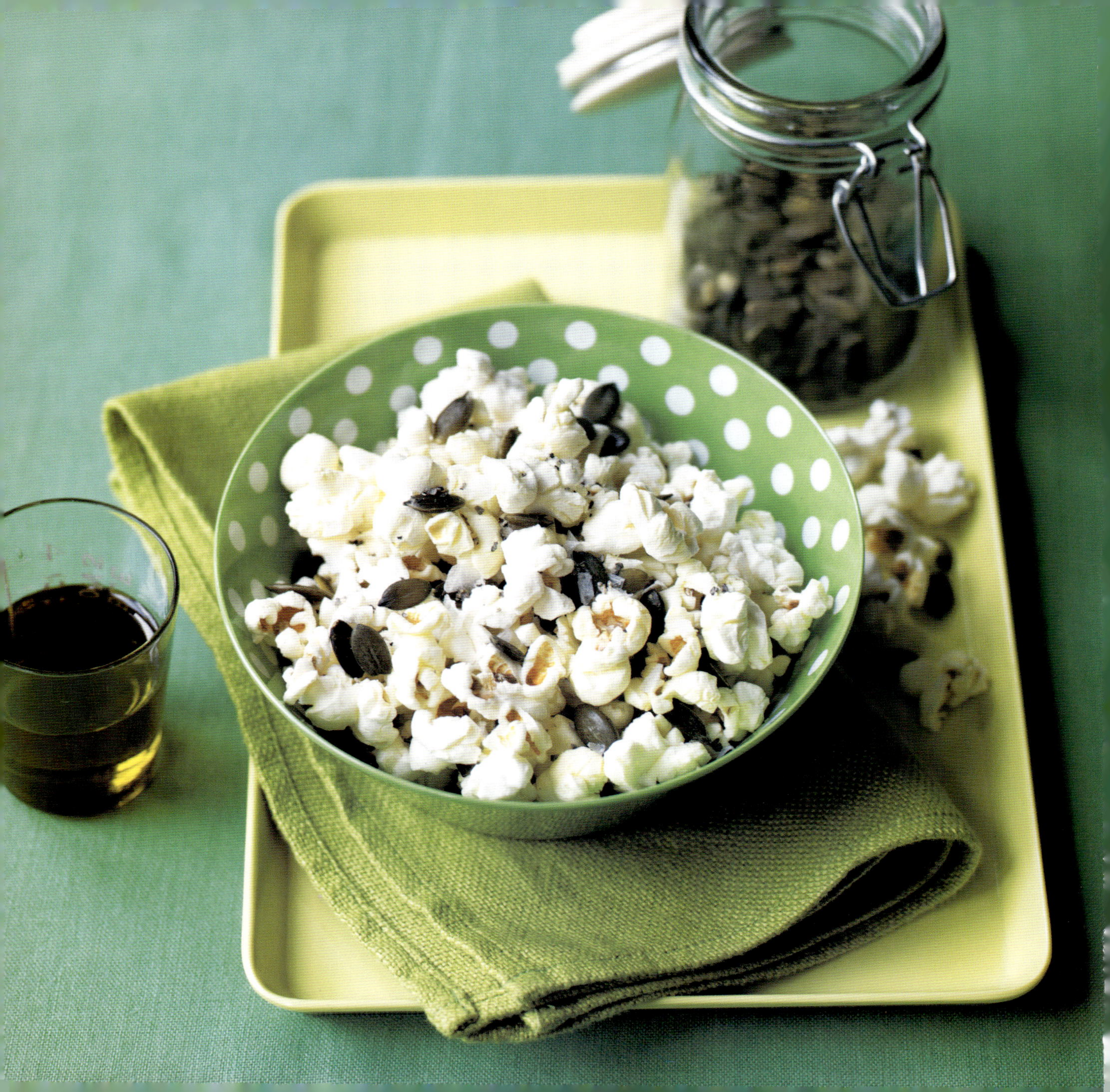

Pompoenpittenolie is ongelofelijk lekker. De smaak is fantastisch en is perfect voor popcorn. De popcorn neemt de smaak over en krijgt een prachtige groene kleur. Geserveerd met geroosterde pompoenpitten en versgemalen zout en peper wordt deze popcorn een supersnack.

pompoenpittenpopcorn

Verhit de olie in een zware pan met deksel met wat popcornkorrels in de pan. Giet er zodra je de korrels hoort poffen de rest van de korrels bij. Schud de pan af en toe op het vuur tot het poffen ophoudt. Wees voorzichtig bij het optillen van het deksel, omdat niet gepofte korrels plotseling alsnog kunnen poffen. Schep de popcorn om met de olie tot de korrels er rondom mee bedekt zijn. Sprenkel er zo nodig nog wat olie over. Doe de popcorn in een kom en haal er niet gepofte korrels uit. Gooi die weg.

Strooi er de geroosterde pompoenpitten over en breng op smaak met versgemalen zout en peper (ongeveer een theelepel van elk is voor mij goed). Schep alles goed om. Dien warm of koud op.

3–4 eetlepels pompoenpittenolie, plus wat voor het besprenkelen

90 g popcornkorrels

5 eetlepels geroosterde pompoenpitten

zeezout en versgemalen zwarte peper

Voor 1 grote kom

Deze popcorn is geïnspireerd door de klassieke nacho's. Met een heerlijke avocado-tomatensalsa met paprika, basilicum, koriander en een schepje zure room en een garnituur van gesmolten kaas is dit de perfecte snack om met vrienden te delen.

popcornnacho's

1-2 eetlepels zonnebloemolie of plantaardige olie
50 g popcornkorrels

voor de avocadosalsa
2 vleestomaten
1 klein sjalotje, gesnipperd
2 rijpe avocado's, gepeld, de pitten verwijderd, in blokjes gesneden
het versgeperste sap van 1 limoen
1 eetlepel fijngehakte verse basilicum
2 eetlepels fijngehakte verse koriander
1 theelepel scherp paprikapoeder
1 theelepel fijne tafelsuiker
zeezout en versgemalen zwarte peper

voor het serveren
150 ml zure room
100 g geraspte belegen kaas

Voor 4 tot 6 personen

Verhit de olie in een zware pan met deksel met wat popcornkorrels in de pan. Giet er zodra je de korrels hoort poffen de rest van de korrels bij. Schud de pan af en toe op het vuur tot het poffen ophoudt. Wees voorzichtig bij het optillen van het deksel, omdat niet gepofte korrels plotseling alsnog kunnen poffen. Doe de popcorn in een kom en haal er niet gepofte korrels uit. Gooi die weg.

Snijd voor de salsa de tomaten doormidden en verwijder het zaad en sap. Snijd het tomatenvruchtvlees in stukjes. Doe ze in een kom en schep er de gesnipperde sjalot, avocado en het limoensap door. Zorg dat de avocado helemaal met limoensap bedekt wordt, zodat de stukjes niet verkleuren. Schep er de gehakte basilicum en koriander, het paprikapoeder en de suiker door. Breng op smaak met zout en peper en schep weer goed om. Laat de salsa uitlekken in een zeef om overtollig vocht te verwijderen.

Maak een kuiltje in de popcorn en schep daar de salsa in. Schep er wat zure room op en bestrooi met de geraspte kaas. Zet ongeveer 5 minuten onder een hete grill tot de kaas gesmolten is. Let op dat de popcorn niet aanbrandt. Neem uit de grill en dien onmiddellijk op.

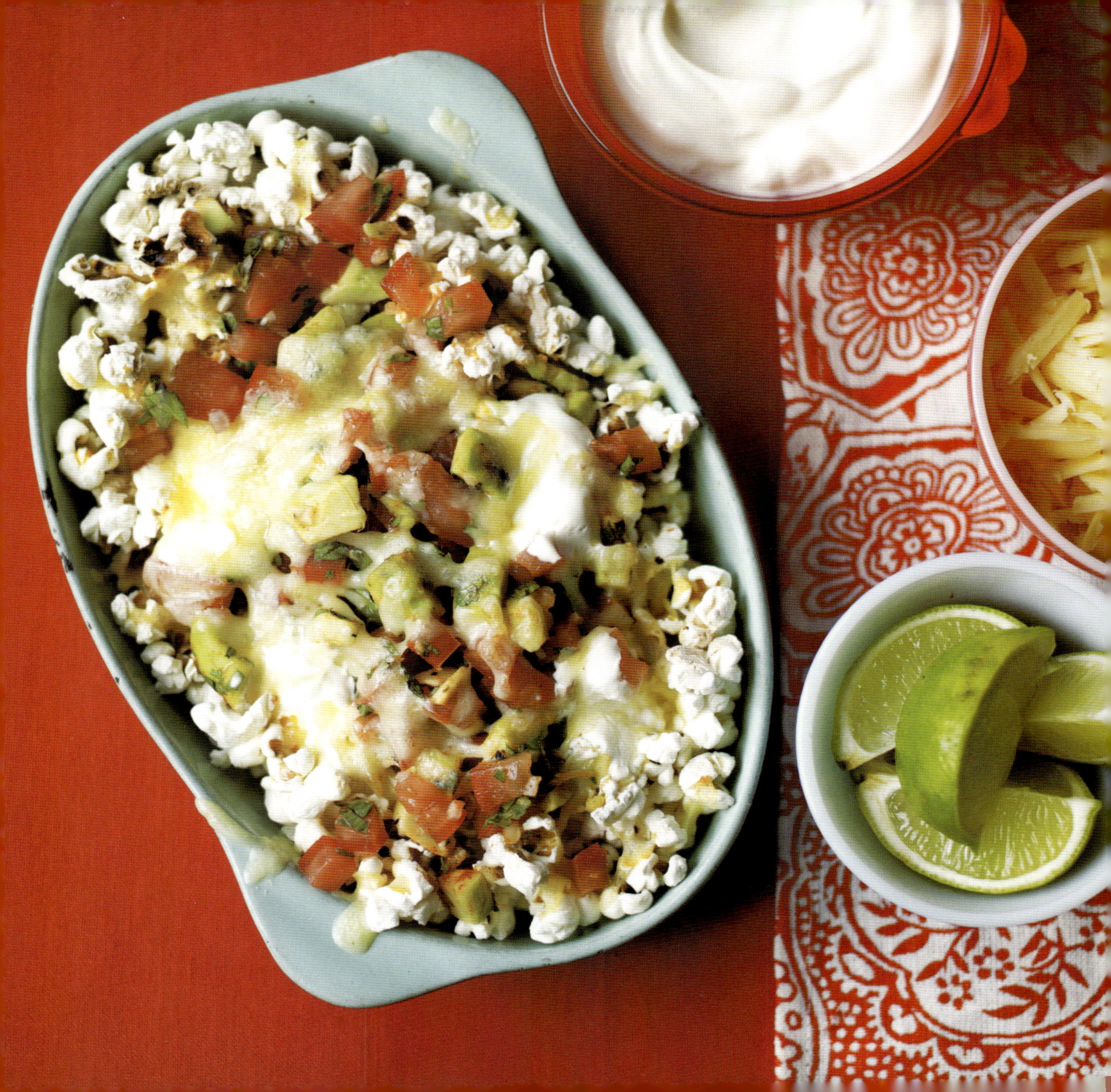

traktaties

Krokante chocoladecakejes zijn snel en makkelijk te maken en ook nog eens verrukkelijk. In dit recept vervangen we een deel van de traditionele cornflakes door popcorn. Dit geeft de cakejes een luchtiger structuur. Bestrooi ze met wat popping candy en deze popcorncakejes zullen letterlijk in je mond openspatten.

popping popcorn krokante cakejes

1-2 eetlepels zonnebloemolie of plantaardige olie

50 g popcornkorrels

50 g boter

125 ml Golden Syrup

150 g melkchocolade, in stukjes gebroken

50 g cornflakes

popping candy snoepjes

gekleurde sprinkles, ter garnering

14 papieren cupcakevormpjes

Voor 14 stuks

Verhit de olie in een zware pan met deksel met wat popcornkorrels in de pan. Giet er zodra je de korrels hoort poffen de rest van de korrels bij. Schud de pan af en toe op het vuur tot het poffen ophoudt. Wees voorzichtig bij het optillen van het deksel, omdat niet gepofte korrels plotseling alsnog kunnen poffen. Doe de popcorn in een kom en haal er niet gepofte korrels uit. Gooi die weg.

Doe de boter en Golden Syrup in een kleine pan en verhit al roerend zachtjes tot de boter gesmolten is. Voeg de chocolade toe en laat al roerend zachtjes smelten tot de saus mooi glanzend is.

Doe de cornflakes in de kom met de popcorn. Giet er de warme chocoladesaus over. Schep alles met een houten lepel om tot alles goed gemengd is.

Schep het beslag in de papieren cupcakevormpjes. Garneer elk cakeje met wat popping candy en sprinkles. Laat even stevig worden voor je deze cakejes gaat serveren.

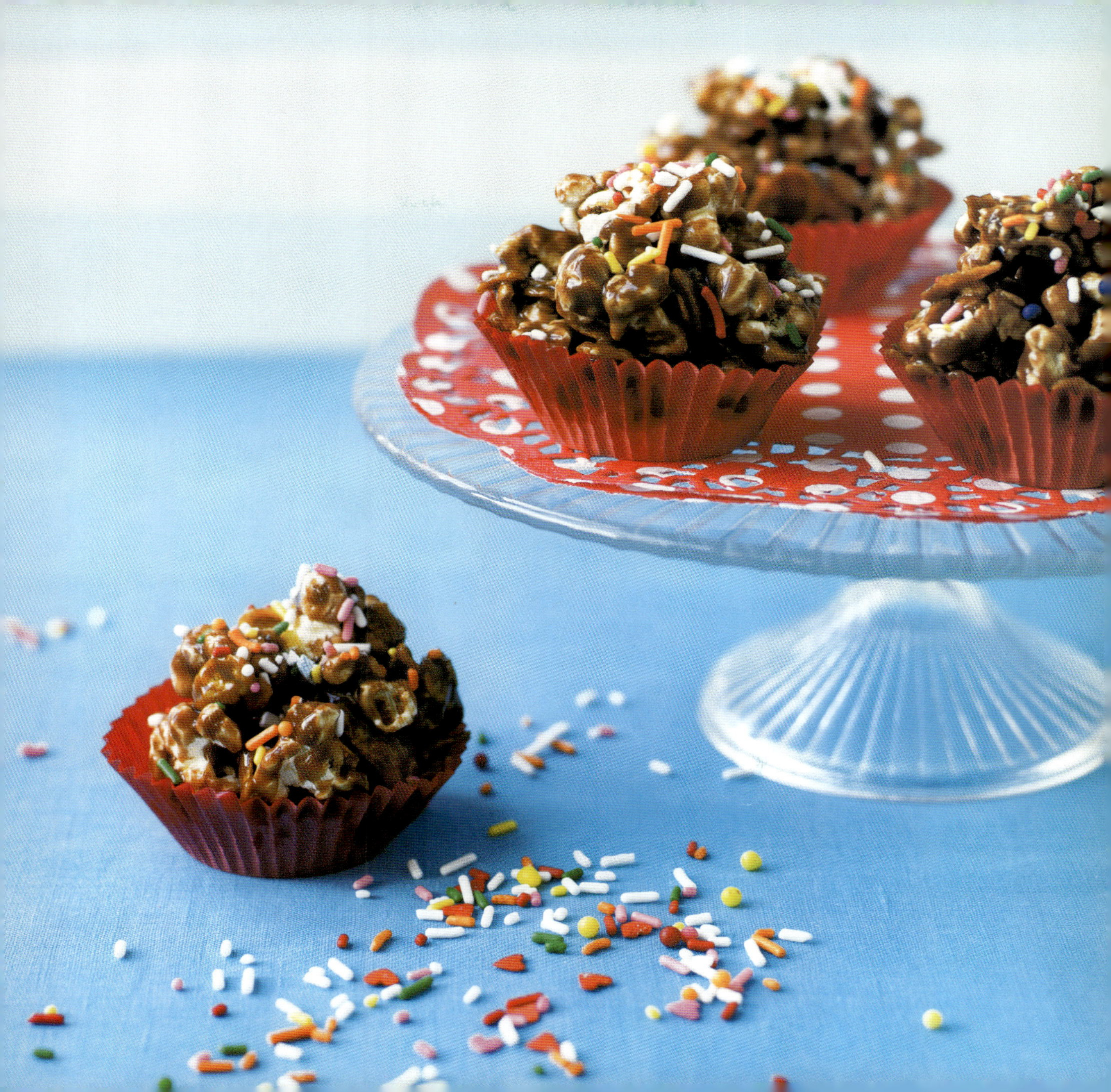

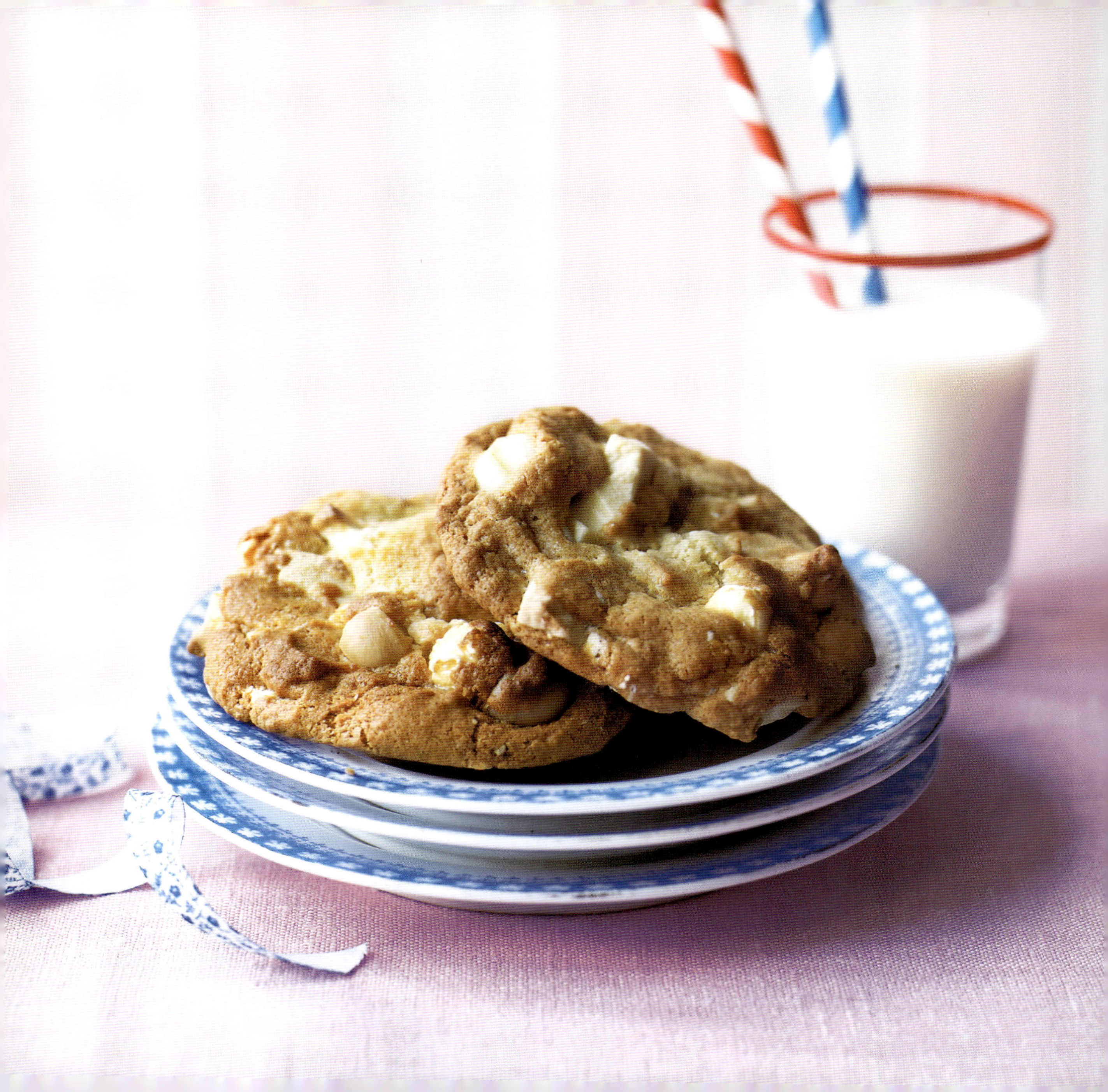

Deze heerlijke popcornkoekjes, met een hint van citroen en chocolade, zullen als sneeuw voor de zon verdwijnen zodra je ze gaat serveren. Ze zijn gewoon onweerstaanbaar en zijn heerlijk met een glas koude melk.

popcornkoekjes

Verwarm de oven voor op 180°C.

Zeef het bakmeel met de dubbelkoolzure soda in een grote kom. Schep er de geraspte citroenschil en suiker door.

Verhit in een zware pan de boter met de Golden Syrup tot de boter gesmolten is. Giet het boter-siroopmengsel over het bloemmengsel en meng met een houten lepel. Laat het mengsel een paar minuten afkoelen. Klop er dan het ei en de roomkaas door. Schep er de stukjes chocolade, macadamianoten en popcorn door. Meng het deeg met je handen.

Schik kleine hoopjes koekjesdeeg (ongeveer zo groot als een walnoot) op de voorbereide bakplaten. Laat er wat ruimte tussen, omdat ze tijdens het bakken zullen uitlopen. Druk het deeg lichtjes aan met je vingers. Bak de koekjes 10 tot 15 minuten in de voorverwarmde oven tot ze goudbruin, maar in het midden nog iets zacht zijn.

Neem de koekjes uit de oven en laat een paar minuten op de bakplaten afkoelen. Leg ze dan op een draadrooster en laat ze helemaal afkoelen.

Je kunt deze popcornkoekjes desgewenst tot 5 dagen in een luchtdicht afgesloten bakje bewaren.

350 g zelfrijzend bakmeel

1 theelepel dubbelkoolzure soda

de geraspte schil van 1 onbespoten citroen

160 g fijne tafelsuiker

125 g boter

60 ml Golden Syrup

1 ei

35 g roomkaas (Mon Chou of Philadelphia)

200 g witte chocolade, gehakt

100 g macadamianoten, doormidden gesneden

60 g toffeepopcorn (bijv. Butterkist)

2 bakplaten, met olie ingevet en met bakpapier bekleed

Voor 20 koekjes

traktaties

IJscoupes zijn altijd populair. Deze maken we met toffeepopcorn, popcornroomijs en een warme toffeesaus. Je kunt het popcornroomijs en de toffeesaus van tevoren maken en de coupes vlak voor het serveren samenstellen.

popcorncoupes

voor het roomijs
300 ml slagroom
300 ml melk
90 g toffeepopcorn (bijv. Butterkist)
60 g suiker
5 eierdooiers

voor de toffeesaus
120 g suiker
60 g boter
125 ml slagroom

samenstellen
150-200 ml slagroom
30 g toffeepopcorn (bijv. Butterkist)

een ijsmachine (desgewenst)
2 grote of 4 kleine ijscoupes

Voor 2 tot 4 personen

Doe voor het roomijs de slagroom, melk en toffeepopcorn in een zware pan en breng aan de kook. Neem van het vuur en zet 30 minuten weg.

Klop intussen in een grote kom de suiker ongeveer 5 minuten met de eierdooiers tot het mengsel romig en lichtgeel is.

Wrijf het room-popcornmengsel door een fijne zeef. Druk de popcorn stevig aan om er zoveel mogelijk room uit te persen. Gooi de popcornpulp weg. Doe de room terug in de pan. Breng al roerend aan de kook.

Giet al kloppend de hete room bij het dooier-suikermengsel. Giet het mengsel terug in de pan. Zet op een laag vuur en verhit de custard een paar minuten zonder aan de kook te laten komen tot hij dikker wordt. Laat de custard dan afkoelen.

Draai de custard in een ijsmachine volgens de aanwijzingen van de fabrikant. Doe het mengsel anders in een diepvriesbak en zet in het vriesvak. Neem de bak na 30 minuten uit de diepvries en klop de ijskristallen los. Zet terug in de diepvries. Herhaal tot het roomijs stevig is.

Doe voor de toffeesaus de suiker en boter in een pan op een matig vuur. Verhit zachtjes tot de boter is gesmolten, de suiker is opgelost en het mengsel goudbruin is. Giet er al roerend de slagroom bij. Roer tot de toffeesaus glad is. Giet de saus door een fijne zeef om eventuele suikerkristallen te verwijderen. Zet weg en laat afkoelen.

Klop vlak voor het serveren de slagroom tot zachte pieken. Maak in de ijscoupes laagjes met bolletjes roomijs, geklopte slagroom, toffeesaus en popcorn. Je kunt de toffeesaus ook verwarmen en over het roomijs gieten.

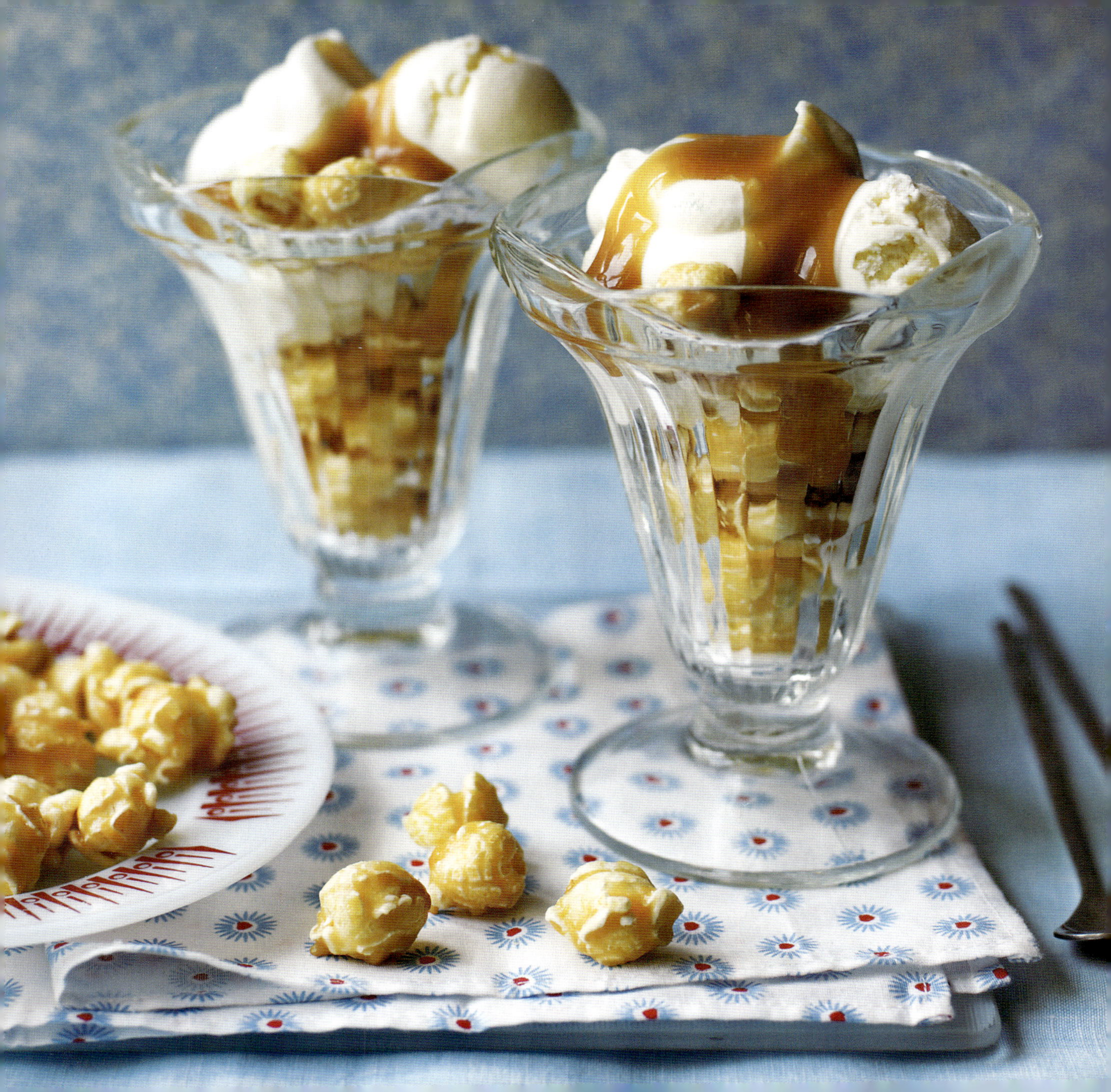

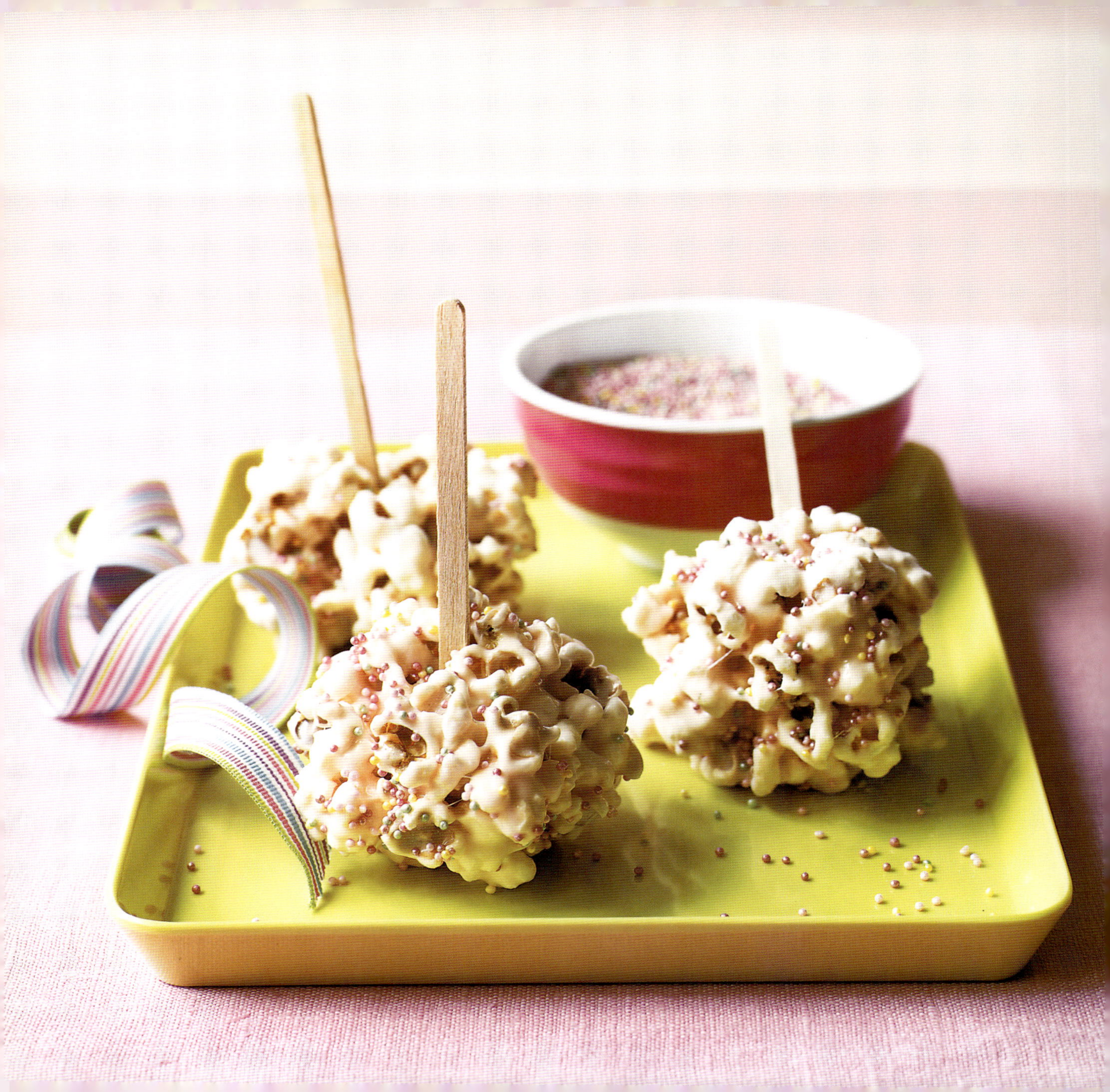

Kinderen houden van lolly's en van deze popcorn-marshmallowlolly's zullen ze zeker blij worden. Ze zijn snel klaar en je kunt ze desgewenst met allerlei suikerdecoraties versieren.

popcornlolly's

Verhit de olie in een zware pan met deksel met wat popcornkorrels in de pan. Giet er zodra je de korrels hoort poffen de rest van de korrels bij. Schud de pan af en toe op het vuur tot het poffen ophoudt. Wees voorzichtig bij het optillen van het deksel, omdat niet gepofte korrels plotseling alsnog kunnen poffen. Doe de popcorn in een kom en haal er niet gepofte korrels uit. Gooi die weg.

Verhit de marshmallows met de boter al omscheppend in een pan op matig vuur tot beide gesmolten zijn. Zorg dat het mengsel niet aanbrandt. Giet het marshmallowmengsel over de popcorn. Schep goed om tot alle korrels met het mengsel bedekt zijn. Laat 20 minuten afkoelen.

Bestuif je handen met poedersuiker (zo zal het marshmallowmengsel niet aan je handen plakken). Vorm het mengsel tot ongeveer 10 ballen die zo groot zijn als mandarijnen. Leg de ballen op een siliconen mat of op bakpapier. Steek een lollystokje in elke bal. Bestrooi de lolly's desgewenst met suikersprinkles. Laat ze een paar uur liggen voor je ze opdient.

1-2 eetlepels zonnebloemolie of plantaardige olie
50 g popcornkorrels
200 g marshmallows
40 g boter
poedersuiker, voor het bestrooien
suikersprinkles (desgewenst)

siliconen mat of bakpapier
10 lollystokjes

Voor 10 lolly's

Dit recept is een variant op een favoriete Amerikaanse taart, de banoffee pie. Dat is een taart met geklopte slagroom, toffee en banaan. Toffeepopcorn werkt in dit recept het beste omdat die niet snel zacht en doorweekt raakt. Voor de kruimelbodem van deze taart gebruikte ik tarwekoekjes met karamel en chocolade voor extra smaak en structuur, maar je kunt er ook Mariabiscuitjes voor in de plaats gebruiken.

popcorntaart

300 g tarwekoekjes met karamel en chocolade, of Mariabiscuitjes

100 g boter

3 rijpe bananen

het versgeperste sap van 1 citroen

400 g dulce de leche (dikke karamelsaus)

90 g toffeepopcorn (bijv. Butterkist)

300 ml slagroom

voor het garneren

1 eetlepel geraspte pure chocolade

15 g toffeepopcorn (bijv. Butterkist)

1 eetlepel bananenchips, in kleine stukjes gebroken

een bakvorm van 20 cm doorsnee, ingevet en met bakpapier bekleed

Voor 8 tot 10 personen

Draai de koekjes of biscuitjes in een keukenmachine tot fijn kruim. Doe het kruim in een grote kom.

Laat de boter smelten in een kleine pan. Giet de gesmolten boter over het koekjeskruim en meng goed. (Door de warme boter zullen de karamel en chocolade in het kruimmengsel smelten.) Schep het boterkruim in de voorbereide taartvorm. Druk het kruim met de achterkant van een grote lepel stevig aan.

Pel de bananen en snijd ze in dikke plakjes. Doe ze in een kom. Giet er het citroensap over en schep alles om tot de plakjes rondom met sap bedekt zijn (door het citroensap zullen ze niet verkleuren). Giet overtollig sap af. Schik de plakjes banaan op de kruimelbodem. Schep er de dulce de leche over. Schik er de popcorn op.

Klop de slagroom tot stijve pieken. Klop niet te lang, omdat de slagroom dan zal schiften. Smeer met een pannenlikker de slagroom over de popcorn. Strooi de geraspte chocolade over de slagroom. Garneer met de toffeepopcorn en bananenchips. Zet voor het opdienen minstens 2 uur in de koelkast. Deze taart is het lekkerst op de dag dat je hem maakt.

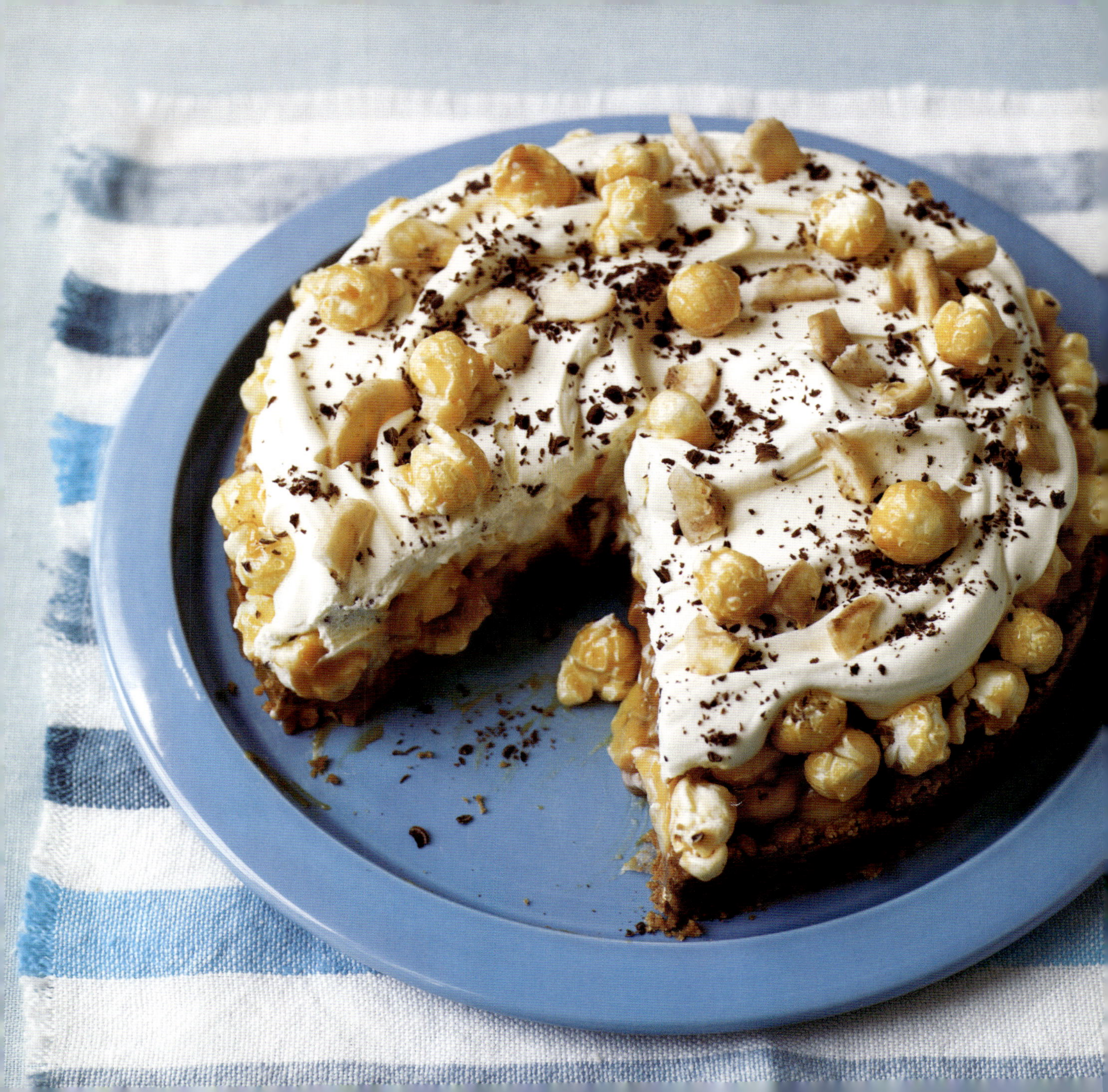

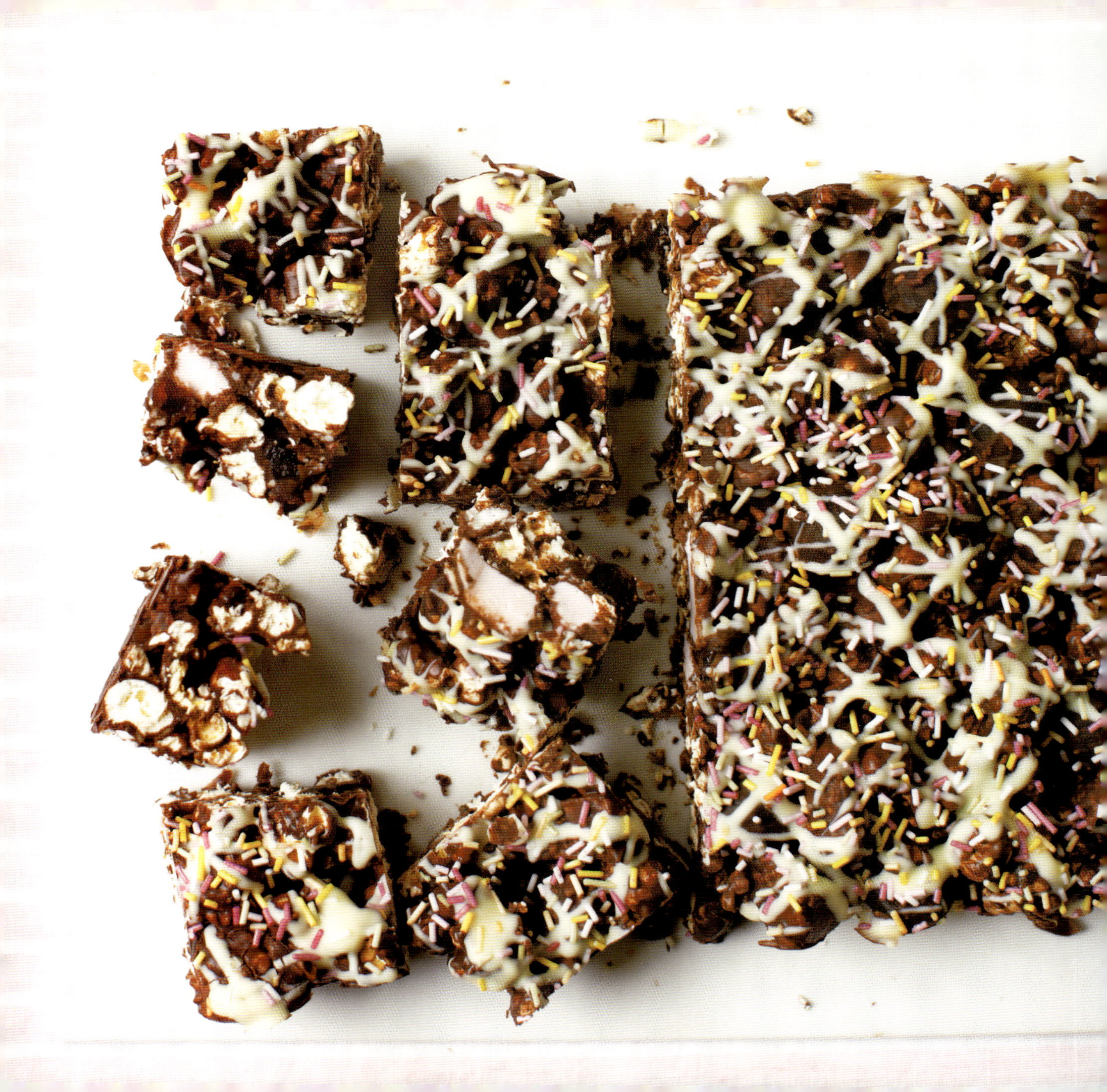

Deze heerlijke chocoladekoek zit vol lichte popcorn, sappige kersen en marshmallows. Liefhebbers van chocolade dromen van zo'n mengsel van melk, pure en witte chocolade. Serveer deze koek in kleine stukjes, omdat hij behoorlijk machtig is.

popcorn-chocoladekoek

Verhit de olie in een zware pan met deksel met wat popcornkorrels in de pan. Giet er zodra je de korrels hoort poffen de rest van de korrels bij. Schud de pan af en toe op het vuur tot het poffen ophoudt. Wees voorzichtig bij het optillen van het deksel, omdat niet gepofte korrels plotseling alsnog kunnen poffen. Doe de popcorn in een kom en haal er niet gepofte korrels uit. Gooi die weg.

Rooster de slierten kokos al omscheppend in een droge koekenpan tot ze goudgeel en geurig zijn. Schep over op een bord en laat afkoelen.

Laat de melkchocolade, pure chocolade en boter smelten in een grote, vuurvaste kom boven een pan net sudderend water. De kom mag het water niet raken. Roer het chocolademengsel tot alle stukjes gesmolten zijn. Neem de kom van de pan. Laat ongeveer 10 minuten afkoelen.

Voeg de popcorn, geroosterde kokos, marshmallows en kersen toe. Schep alles goed om tot alle ingrediënten met chocolade bedekt zijn. Schep het mengsel in de voorbereide bakvorm. Strijk de bovenkant met de achterkant van een lepel glad uit.

Laat de witte chocolade smelten in een (schone) vuurvaste kom boven een pan net sudderend water. Druppel de gesmolten chocolade in een zigzagpatroon over de koek. Garneer desgewenst met gekleurde sprinkles. Zet ongeveer 2 uur in de koelkast tot de koek volledig gestold is. Snijd de koek in 24 vierkantjes en dien op.

1 eetlepel zonnebloemolie of plantaardige olie

30 g popcornkorrels

30 g lange slierten gedroogde kokos

100 g melkchocolade, gehakt

100 g pure chocolade, gehakt

65 g boter

100 g marshmallows, in vieren gesneden

150 g gekonfijte kersen (bigarreaux)

voor de topping

75 g witte chocolade

suikersprinkles (desgewenst)

een diepe bakvorm van 18 x 28 cm, ingevet en met bakpapier bekleed

Voor 24 vierkantjes

Deze kleine cakejes zijn de top in de popcornwereld — je bedekt het gebak met toffee-botercrème. Dan garneer je alles met popcorn en sliertjes warme karamelsaus. Gebruik felgekleurde papieren bakvormpjes om de blits te maken!

popcorn cupcakes

voor de toffeesaus
100 g fijne tafelsuiker
40 g boter
80 ml slagroom

voor het cupcakebeslag
60 g toffeepopcorn (bijv. Butterkist)
115 g boter, zachtgeroerd
115 g plus 1 eetlepel fijne tafelsuiker
2 eieren
115 g zelfrijzend bakmeel
2 eetlepels zure room of crème fraîche

voor de topping
200 g poedersuiker
2 eetlepels zure room of crème fraîche
60 g roomboter, zachtgeroerd
60 g toffeepopcorn (bijv. Butterkist)

een muffinblik met 12 holtes, bekleed met papieren bakvormpjes
een spuitzak met een groot stervormig mondstuk

Voor 12 cupcakes

Verwarm de oven voor op 180°C.

Doe voor de toffeesaus de suiker en boter in een pan op een matig vuur. Verhit zachtjes tot de boter gesmolten is, de suiker is opgelost en het mengsel goudbruin is. Giet er al roerend de slagroom bij. Roer tot de toffeesaus glad is. Laat de saus na het toevoegen van de room niet te lang koken, omdat hij dan te dik wordt. Roer er als de saus te dik wordt nog een beetje slagroom door. Giet de saus door een fijne zeef om eventuele suikerkristallen te verwijderen. Zet weg en laat afkoelen.

Draai voor het cupcakebeslag de toffeepopcorn in een keukenmachine tot fijn kruim. Klop in een grote kom de boter met de suiker met een elektrische handmixer tot een licht en romig mengsel. Voeg de eieren toe en klop weer goed. Voeg het bakmeel, de zure room, het popcornkruim en 2 eetlepels gekoelde toffeesaus toe. Schep alles luchtig om met een grote lepel of pannenlikker. Schep het beslag in het voorbereide muffinblik. Zet 15 tot 20 minuten in de voorverwarmde oven tot de cupcakes goudbruin en veerkrachtig zijn wanneer je ze lichtjes aandrukt. Laat de cupcakes afkoelen op een draadrooster.

Zeef voor het glazuur de poedersuiker in een grote kom. Voeg de zure room, boter en 2 eetlepels afgekoelde toffeesaus toe. Klop tot het mengsel licht en romig is. Schep het glazuur in de spuitzak. Spuit een toef glazuur op elk cakeje. Garneer elke cupcake met wat popcorn en druppel er dan wat sliertjes toffeesaus over. Je kunt als je de cupcake direct serveert de overgebleven toffeesaus iets opwarmen en een beetje warme saus over de cupcakes sprenkelen.

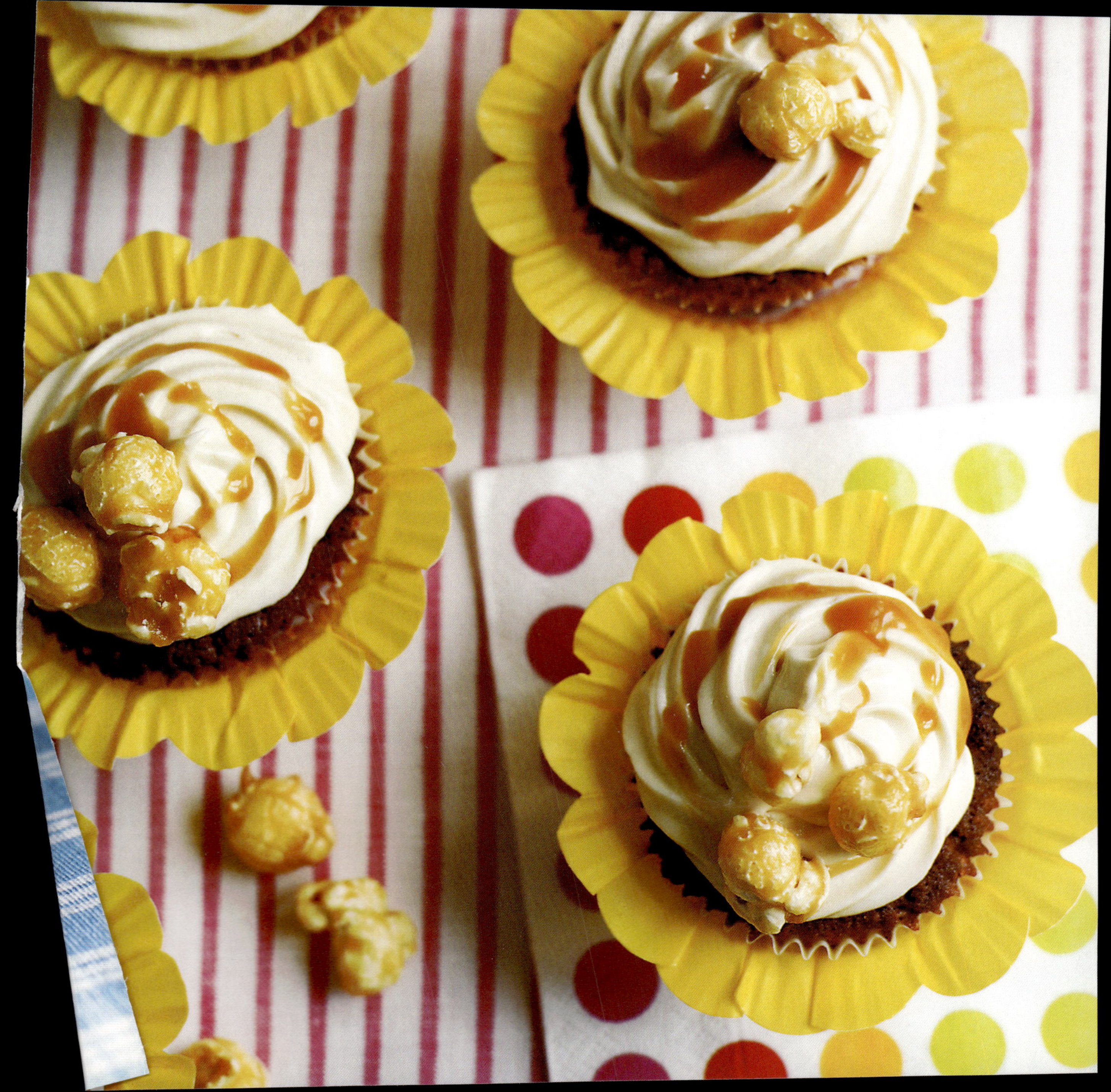

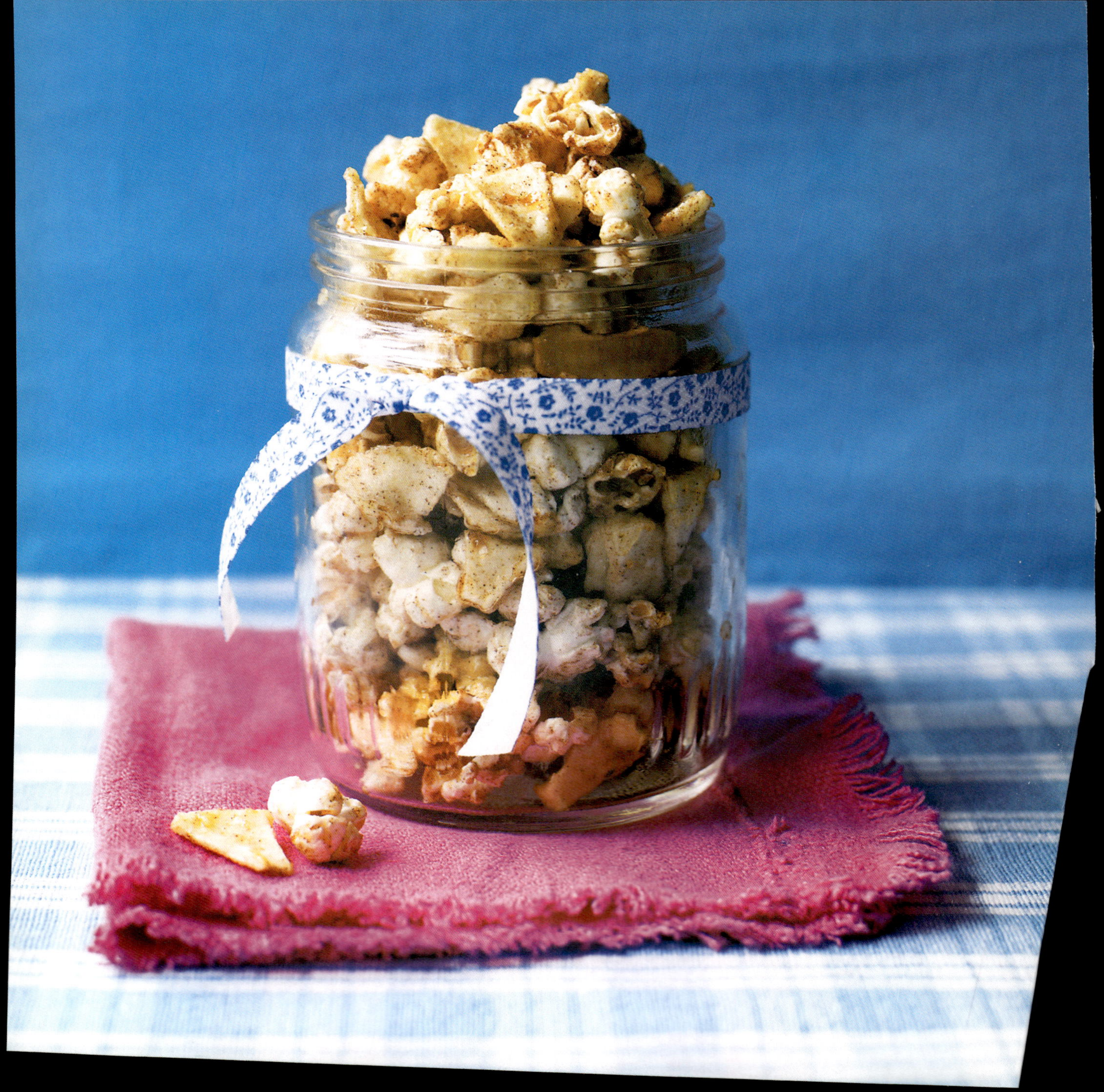

fijnproevers

Kaneel en appel zijn echte herfstsmaken. In deze popcorn leveren ze een hartverwarmende traktatie op. Laat de appelsaus wel goed inkoken tot een siroop. Zo krijg je een optimale appelsmaak zonder dat de popcorn er klef van wordt.

kaneel-appelpopcorn

Verhit de olie in een zware pan met deksel met wat popcornkorrels in de pan. Giet er zodra je de korrels hoort poffen de rest van de korrels bij. Schud de pan af en toe op het vuur tot het poffen ophoudt. Wees voorzichtig bij het optillen van het deksel, omdat niet gepofte korrels plotseling alsnog kunnen poffen. Doe de popcorn in een kom en haal er niet gepofte korrels uit. Gooi die weg.

Giet het appelsap in een kleine steelpan op middelhoog vuur. Laat het sap in ongeveer 15 minuten al sudderend inkoken tot er nog ongeveer 50 ml siroop over is. Voeg de boter toe en laat onder af en toe roeren sudderen tot alle boter gesmolten is.

Giet de appelsiroop over de popcorn. Schep goed om tot de popcorn er rondom mee bedekt is. Strooi er de stukjes appel met de kaneel en suiker over en schep weer om. Je kunt deze popcorn warm of koud serveren.

1-2 eetlepels zonnebloemolie of plantaardige olie

90 g popcornkorrels

voor de appelsiroop

400 ml ongefilterd appelsap

80 g boter

voor het serveren

80 g gedroogde appel, fijngehakt

2 flinke theelepels gemalen kaneel

2 eetlepels fijne tafelsuiker

Voor 1 grote kom

Deze popcorn werd geïnspireerd door de warme gesuikerde pinda's die je op de kermis en kerstmarkten kunt kopen. Ik kan er niet voorbij lopen zonder een zakje te kopen - de geur van de warme karamel is gewoon onweerstaanbaar. Je kunt deze popcorn lang bewaren omdat hij vrij droog is. Perfect voor lunchtrommels of de picknickmand!

popcorn met noten

1-2 eetlepels zonnebloemolie of plantaardige olie
90 g popcornkorrels

voor de karamelnootjes
225 g fijne tafelsuiker
2 theelepels vanille-essence
250 g gemengde geroosterde noten*
(bijv. pecannoten, pinda's, amandelen, macadamianoten)

Voor 1 grote kom

Verhit de olie in een zware pan met deksel met wat popcornkorrels in de pan. Giet er zodra je de korrels hoort poffen de rest van de korrels bij. Schud de pan af en toe op het vuur tot het poffen ophoudt. Wees voorzichtig bij het optillen van het deksel, omdat niet gepofte korrels plotseling alsnog kunnen poffen. Doe de popcorn in een kom en haal er niet gepofte korrels uit. Gooi die weg.

Doe voor de karamelnootjes de suiker, vanille-essence en 125 ml water in een kleine pan op matig vuur. Laat zachtjes sudderen tot de suiker is opgelost en je een dunne siroop hebt. Schep er de geroosterde noten door. Laat zonder te roeren ongeveer 20 minuten sudderen tot de suiker karameliseert. Let op, dit kan in een oogwenk gebeuren! Neem de pan van het vuur en schep het karamel-notenmengsel goed om tot alle noten er rondom mee bedekt zijn.

Schep het noten-karamelmengsel en eventuele losse suikerkristallen om met de popcorn. Je kunt deze popcorn warm of koud eten.

*tip Spoel als je alleen maar gezouten, geroosterde noten kunt vinden de noten onder de koude kraan. Dep ze goed droog met keukenpapier voor je ze door de suikersiroop schept.

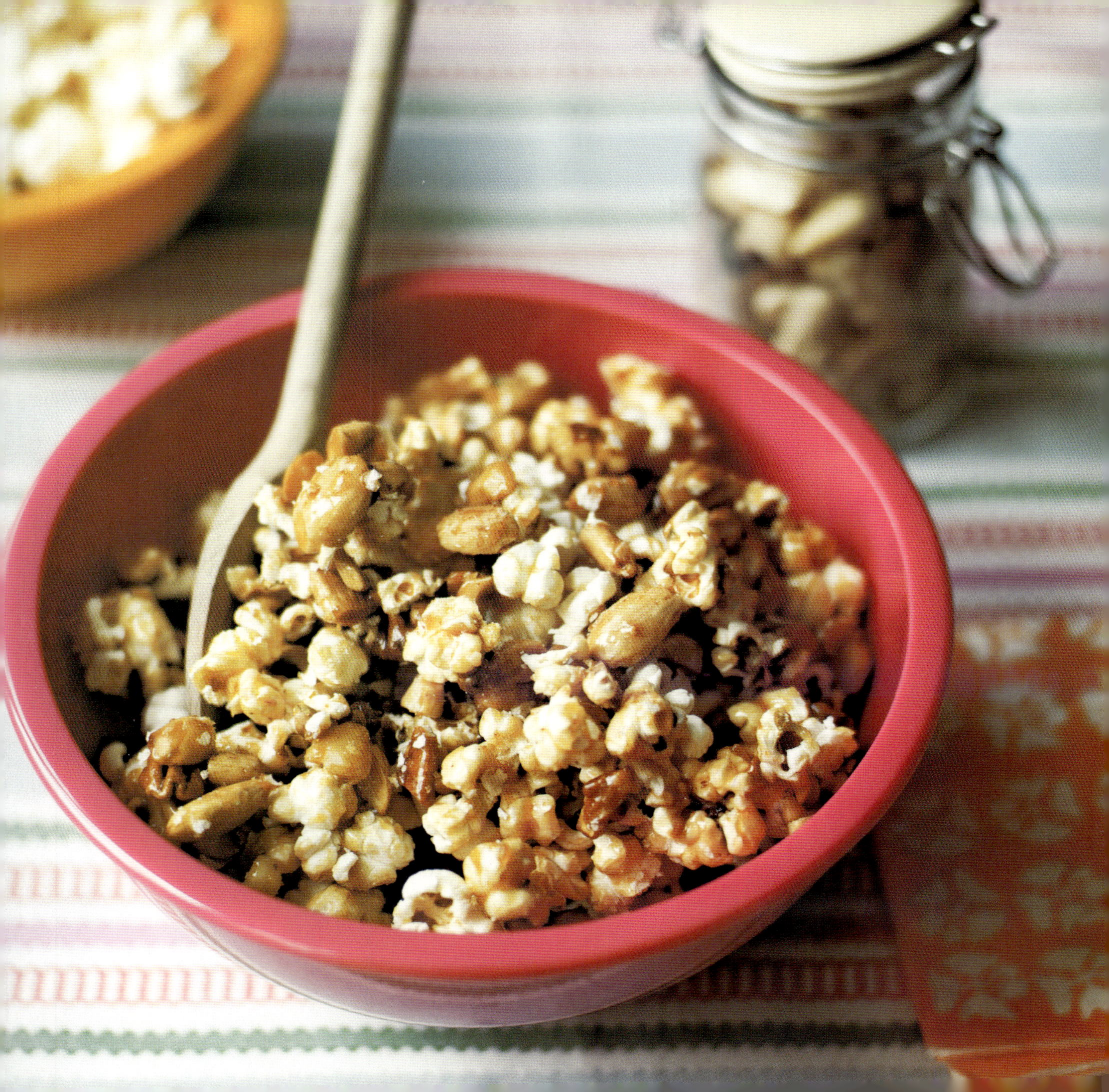

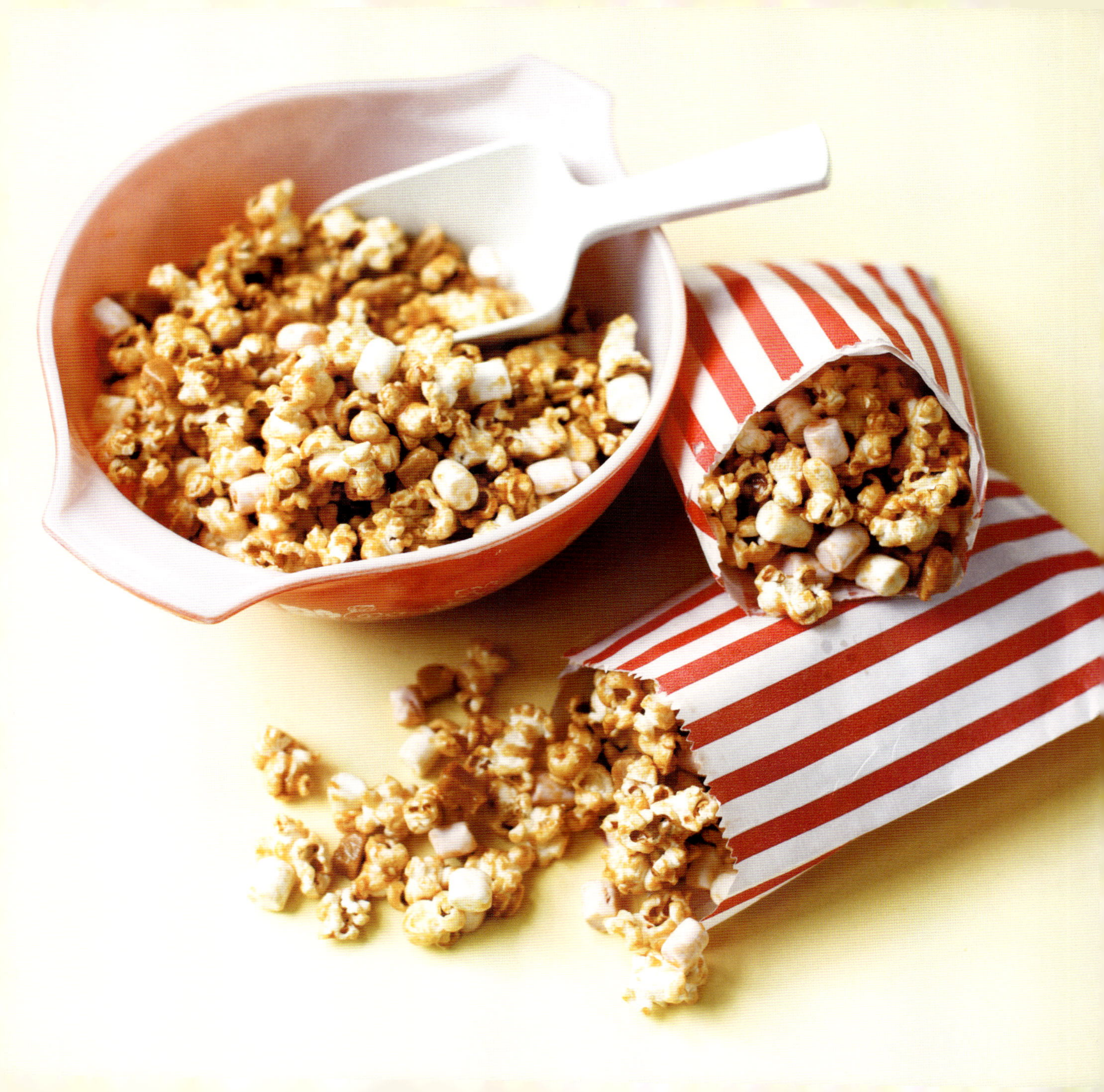

Door zout aan een romige karamelsaus toe te voegen, versterk je de toffeesmaak. Het resultaat is een heerlijk sausje voor popcorn. De stukjes borstplaat en mini-marshmallows maken van deze popcorn een heerlijk snoepgoed.

popcorn met zoute karamel

Verhit de olie in een zware pan met deksel met wat popcornkorrels in de pan. Giet er zodra je de korrels hoort poffen de rest van de korrels bij. Schud de pan af en toe op het vuur tot het poffen ophoudt. Wees voorzichtig bij het optillen van het deksel, omdat niet gepofte korrels plotseling alsnog kunnen poffen. Doe de popcorn in een kom en haal er niet gepofte korrels uit. Gooi die weg.

Doe voor de karamelsaus de suiker en boter in een pan op matig vuur. Laat zachtjes sudderen tot de boter gesmolten is, de suiker gekarameliseerd is en je een dikke, goudgele karamelsaus hebt. Voeg het zout toe.

Meng goed en zorg dat de karamelsaus niet aanbrandt. Giet er al roerend de slagroom bij en blijf roeren tot de saus dik en plakkerig is. Giet de saus door een fijne zeef om eventuele suikerkristallen te verwijderen.

Giet de karamelsaus over de popcorn. Schep om tot alle korrels rondom met het mengsel bedekt zijn. Laat 5 minuten afkoelen. Schep er tot slot de stukjes borstplaat en marshmallows door. Je kunt deze popcorn naar wens warm of koud serveren.

*tip Kleine mini-marshmallows zijn bij goed gesorteerde snoepwinkels te vinden – kies de kleinste, mooiste marshmallows die je kunt kopen. Gebruik als je geen piepkleine marshmallows kunt vinden, gewone mini-marshmallows of knip grote marshmallows in piepkleine stukjes.

1-2 eetlepels zonnebloemolie of plantaardige olie

90 g popcornkorrels

voor de karamelsaus

75 g fijne tafelsuiker

40 g boter

90 ml slagroom

¼ theelepel zeezout

voor het serveren

100 g vanilleborstplaat, in kleine stukjes gehakt

40 g piepkleine mini-marshmallows*

Voor 1 kom

Deze rode, witte, blauwe popcornkorrels zijn een lekkere manier om Koninginnedag of een ander feest te vieren. Je kunt natuurlijk andere kleuren gebruiken die passend zijn voor andere feestdagen of festiviteiten.

rode, witte & blauwe popcorn

1-2 eetlepels zonnebloemolie of plantaardige olie

90 g popcornkorrels

80 g boter

rode en blauwe voedselkleurstof

60 g fijne tafelsuiker

Voor 1 grote kom

Verhit de olie in een zware pan met deksel met wat popcornkorrels in de pan. Giet er zodra je de korrels hoort poffen de rest van de korrels bij. Schud de pan af en toe op het vuur tot het poffen ophoudt. Wees voorzichtig bij het optillen van het deksel, omdat niet gepofte korrels plotseling alsnog kunnen poffen. Verdeel de popcorn over drie kommen en haal er niet gepofte korrels uit. Gooi die weg.

Verdeel de boter over twee kleine pannen. Laat zachtjes smelten. Doe een paar druppels rode kleurstof in een pan en een paar druppels blauwe kleurstof in de andere pan. Meng goed. Giet de rode boter over de popcorn in een kom. Schep alles goed om tot de popcorn er rondom mee bedekt is. Doe hetzelfde met de blauwe boter. De derde kom popcorn houd je wit.

Laat de popcorn ongeveer 20 minuten staan tot de kleuren niet meer afgeven (anders lopen de kleuren door elkaar). Zet dan alle kommen popcorn in een grote kom. Strooi er de suiker over en schep goed om.

Serveer in de kom of doe in individuele zakjes die je met een mooi, passend lint dichtmaakt. Je kunt deze popcorn warm of koud serveren. Vergeet niet om als je de popcorn in dichtgemaakte zakjes serveert dat de popcorn van tevoren koud moet zijn.

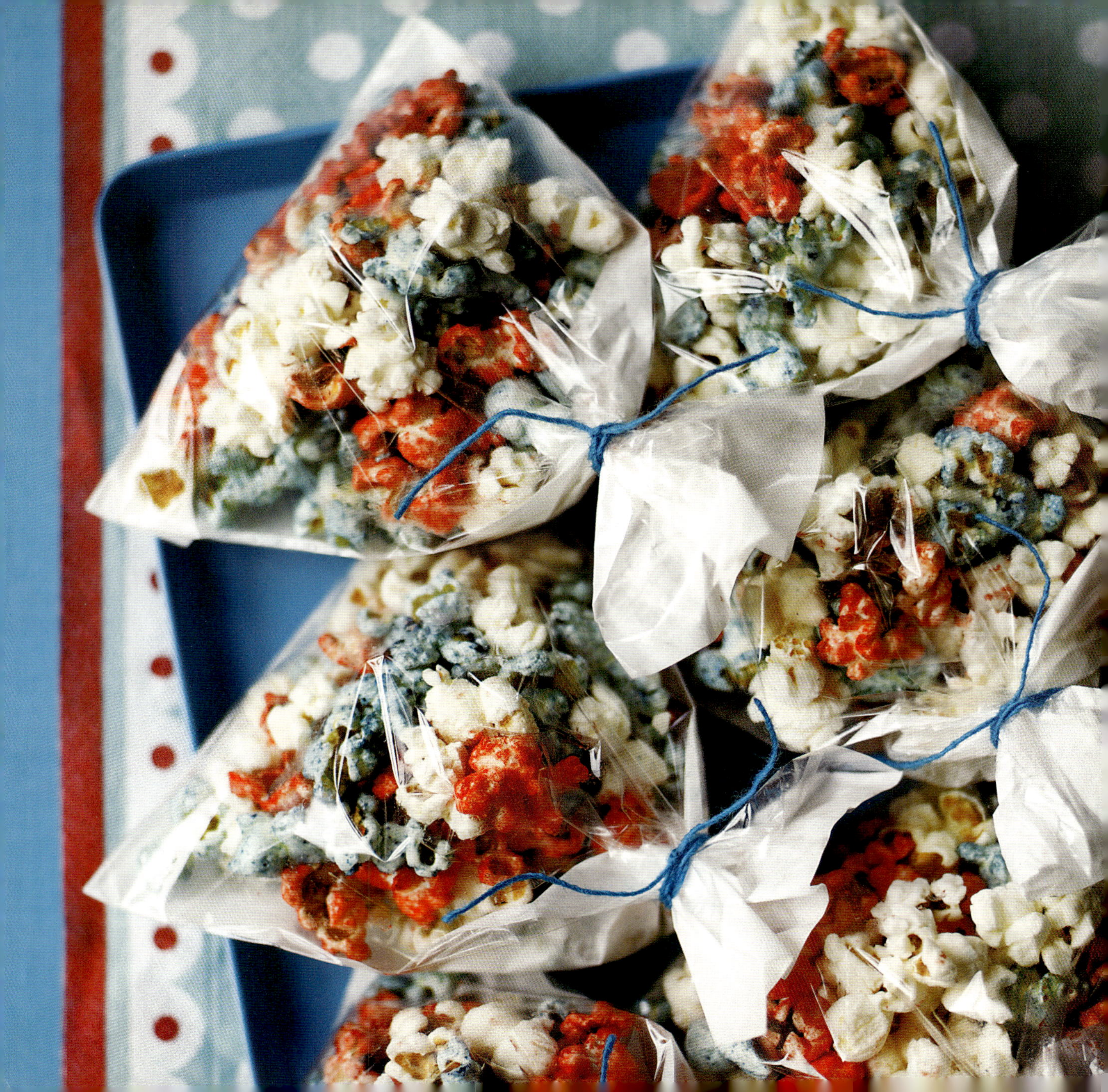

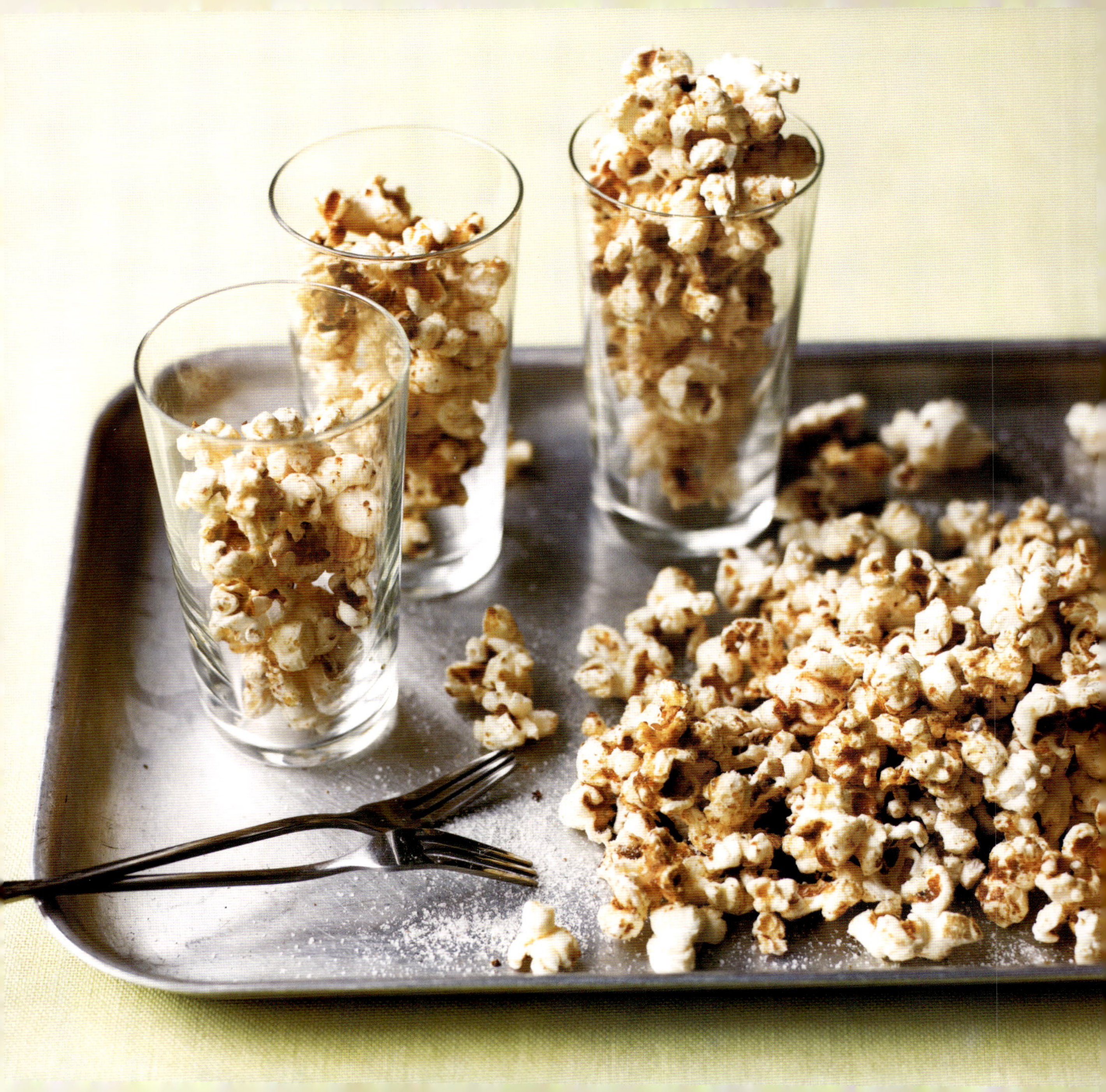

Zwarte truffel is een van de grote genoegens van de fijne tafel. Ik kan me een keer herinneren toen ik jong was dat ik truffelroomijs kreeg. Ik weet nog hoe teleurgesteld ik was toen ik vond dat het naar knoflook smaakte en niet naar chocolade! Sinds die tijd heb ik de smaak voor de truffel te pakken gekregen en is dit popcornrecept een favoriet geworden. Men beweert dat truffel een afrodisiacum is, dus let op aan wie je deze popcorn serveert!

popcorn met zwarte truffel

Draai de gedroogde paddenstoelen in een keukenmachine tot fijn poeder en zet het weg.

Verhit de olie in een zware pan met deksel met wat popcornkorrels in de pan. Giet er zodra je de korrels hoort poffen de rest van de korrels bij. Schud de pan af en toe op het vuur tot het poffen ophoudt. Wees voorzichtig bij het optillen van het deksel, omdat niet gepofte korrels plotseling alsnog kunnen poffen. Doe de popcorn in een kom en haal er niet gepofte korrels uit. Gooi die weg.

Laat de boter smelten in een pan op matig vuur. Giet over de nog warme popcorn. Strooi er het paddenstoelenpoeder en truffelzout over. Schep alles goed om. Deze popcorn is het lekkerst als je hem warm serveert.

*tip Je kunt als je geen truffelzout hebt een beetje truffelolie over de popcorn sprenkelen en wat zeezout gebruiken.

20 g gedroogde boleten (porcini)

90 g popcornkorrels

1-2 eetlepels zonnebloemolie of plantaardige olie

70 g boter

1 theelepel zwarte-truffelzout*

Voor 1 grote kom

Ik moet toegeven dat ik een margarita (of twee!) lekker vind. De smaak van limoensap gemengd met zout en tequila zorgt altijd voor een tinteling op de tong. Misschien is dit niet voor iedereen, maar als je van tequila houdt, is deze popcornsnack zeker iets voor jou.

margarita popcorn

1-2 eetlepels zonnebloemolie of plantaardige olie

90 g popcornkorrels

70 g boter

de geraspte schil en het versgeperste sap van 3 onbespoten limoen

80 g suiker

een paar druppels groene voedselkleurstof

1–2 eetlepels tequila

1 theelepel zeezout

Voor 1 grote kom

Verhit de olie in een zware pan met deksel met wat popcornkorrels in de pan. Giet er zodra je de korrels hoort poffen de rest van de korrels bij. Schud de pan af en toe op het vuur tot het poffen ophoudt. Wees voorzichtig bij het optillen van het deksel, omdat niet gepofte korrels plotseling alsnog kunnen poffen. Doe de popcorn in een kom en haal er niet gepofte korrels uit. Gooi die weg.

Laat de boter smelten in een kleine pan op matig vuur. Voeg de geraspte limoenschil, het limoensap en de suiker toe en laat al roerend zachtjes sudderen tot de suiker is opgelost en je een plakkerige siroop hebt. Voeg een paar druppels groene kleurstof toe en meng goed.

Giet de limoensiroop over de popcorn. Schep goed om tot alle korrels met het mengsel bedekt zijn. Druppel er een beetje tequila over. Verkruimel het zeezout tussen je vingers en strooi het over de popcorn. Schep weer goed om. Je kunt deze popcorn warm of koud eten.

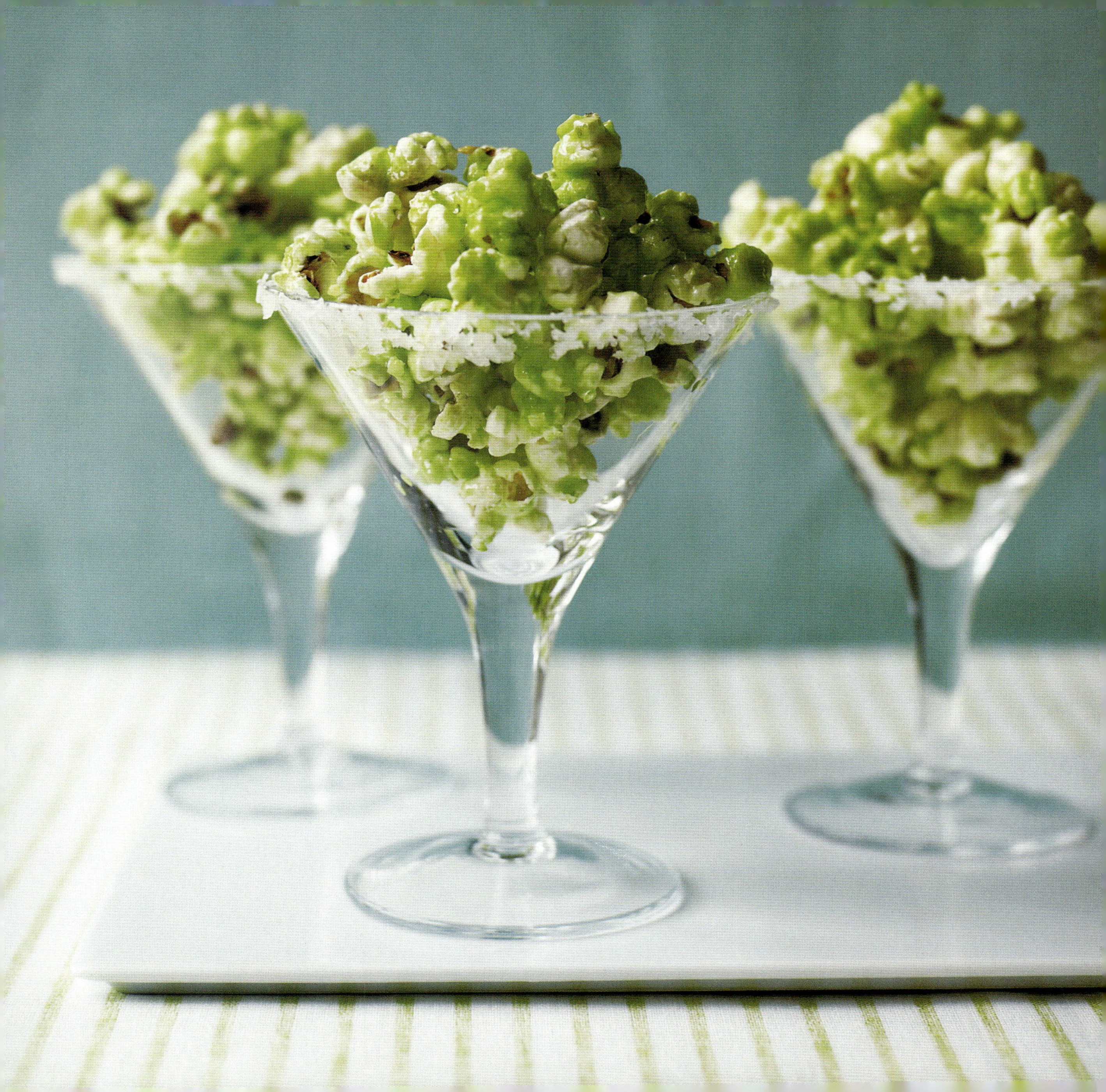

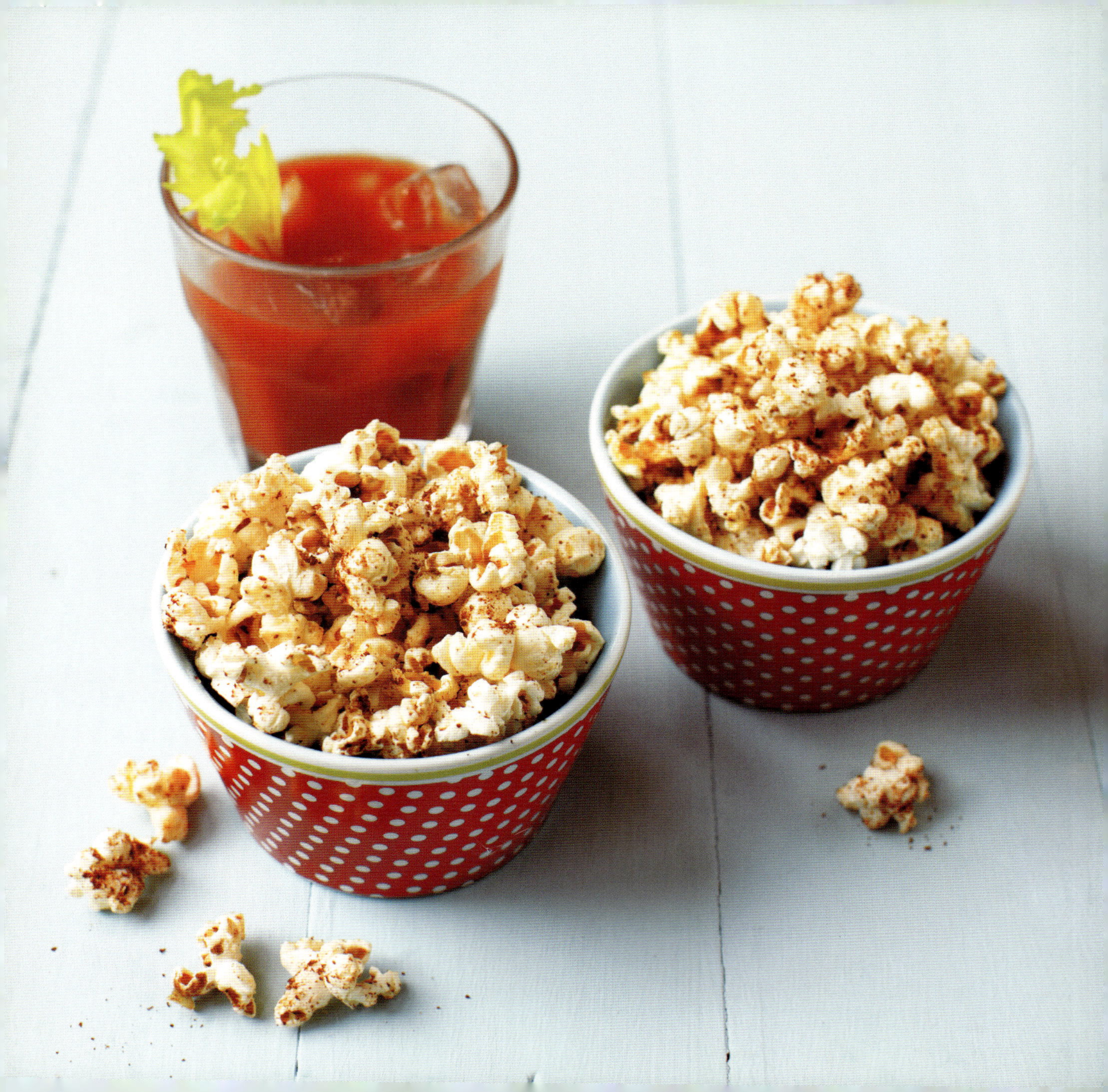

Bloody Mary is een geliefde cocktail en een beroemde remedie tegen een kater. Hoewel ik niet kan garanderen dat deze popcorn een kater kan verhelpen, is het zeker een lekkere snack voor wanneer je maar wilt! In plaats van Worcestershiresaus kan je Tabasco gebruiken en selderijzout in plaats van zeezout.

bloody mary popcorn

Verhit de olie in een zware pan met deksel met wat popcornkorrels in de pan. Giet er zodra je de korrels hoort poffen de rest van de korrels bij. Schud de pan af en toe op het vuur tot het poffen ophoudt. Wees voorzichtig bij het optillen van het deksel, omdat niet gepofte korrels plotseling alsnog kunnen poffen. Doe de popcorn in een kom en haal er niet gepofte korrels uit. Gooi die weg.

Laat de boter smelten in een kleine pan op matig vuur. Giet over de nog warme popcorn. Strooi er het tomatenpoeder over. Sprenkel er de Worcestershiresaus en wodka naar smaak over. Breng op smaak met zout en peper en schep alles goed om. Deze popcorn is het lekkerst als je hem meteen opdient.

*tip Tomatenpoeder is verkrijgbaar bij goed gesorteerde natuurwinkels of via internet. Als je geen tomatenpoeder kunt vinden kan je het zelf maken. Neem in dat geval gedroogde tomaten (niet op olie). Laat de tomaten 1 tot 2 uur drogen in een oven op lage temperatuur tot ze volledig droog zijn. Draai ze in een keukenmachine of blender tot poeder.

1-2 eetlepels zonnebloemolie of plantaardige olie

90 g popcornkorrels

80 g boter

20 g gedroogd-tomatenpoeder*

1-2 eetlepels Worcestershiresaus

ongeveer 1 eetlepel wodka, of naar smaak

selderijzout en versgemalen zwarte peper.

Voor 1 grote kom

index

A
appel: kaneel-appelpopcorn 51
avocadosalsa 34

B
bacon: popcorn met paprika & bacon 25
bananen: bananen-esdoornpopcorn 18
popcorntaart 44
basilicum: avocadosalsa 34
biscuitjes: popcorntaart 44
bloody mary popcorn 63
boleten: popcorn met zwarte truffel 59
bombay popcorn 26
borstplaat: popcorn met zoute karamel 55

C
champignons: popcorn met zwarte truffel 59
chilipopcorn 29
chocolade: honing-chocoladepopcorn 17
popcornkoek 47
popcorn met frambozen & witte chocolade 10
popcornkoekjes 39
popcorntaart 44
popping popcorn krokante cakejes 36
citroen: popcorntaart 44
citroengras: thaise kruidige popcorn 30
cornflakes: popping popcorn krokante cakejes 36
coupes, popcorn 40
crème fraîche: popcorn cupcakes 48
cupcakes, popcorn 48

D
dulce de leche: popcorntaart 44

E
esdoornsiroop : bananen-esdoornpopcorn 18

F
frambozen: popcorn met frambozen & witte chocolade 10

G
gebak: popcorn cupcakes 48
popcorntaart 47
popping popcorn krokante cakejes 36
ghee: bombay popcorn 26
golden syrup: popcornkoekjes 39
popping popcorn krokante cakejes 36

K
kaas: popcorn met paprika & bacon 25
popcornnacho's 34
kaneel-appelpopcorn 51
karamel: honing-chocoladepopcorn 17
popcorn cupcakes 48
popcorn met noten 52
popcorn met toffeeboter 9
popcorn met zoute karamel 55
popcorncoupes 40
popcornkoekjes 39
popcorntaart 44
toffeesaus 40, 48
kerrie: bombay popcorn 26
thaise kruidige popcorn 30
kersen, geglaceerde (bigarreaux): popcorntaart 47
kokospopcorn 21
koriander: avocadosalsa 34
thaise kruidige popcorn 30
kokospopcorn 21

L
limoen: avocadosalsa 34
chilipopcorn 29
margarita popcorn 60
thaise kruidige popcorn 30
limoenpickle: bombay popcorn 26
lolly's, popcorn 43

M
mangochutney: bombay popcorn 26
margarita popcorn 60
marshmallow's: popcorn met zoute karamel 55
popcornkoek 47
popcornlolly's 43

N
nacho's, popcorn 34
nigellazaad: bombay popcorn 26
noten: popcorn met noten 52
popcornkoekjes 39

P
paprika: avocadosalsa 34
popcorn met paprika & bacon 25
pindakaas: Zaramama's pindakaaspopcorn 13
peper: zout & peper popcorn 22
pompoenpittenpopcorn 33
popcorn cupcakes 48
popcorn met frambozen & witte chocolade 10
popcorn met noten 52
popcorn met paprika & bacon 25
popcorn met toffeeboter 9
popcorn met zoute karamel 55
popcorn met zwarte truffel 59
popcorncoupes 40
popcornkoek 47
popcornkoekjes 39
popcornlolly's 43
popcornnacho's 34
popcorntaart 44
popping popcorn krokante cakejes 36

R
roomijs: popcorncoupes 40
roomkaas: popcornkoekjes 39
rode, witte & blauwe popcorn 56

S
salsa. avocado 34
sauzen: karamelsaus 55
toffeesaus 40, 48
slagroom: popcorn cupcakes 48
popcorncoupes 40
popcorntaart 44

T
taart, popcorn 44
tequila: margarita popcorn 60
thaise kruidige popcorn 30
toffee: toffee-chocoladepopcorn 17
popcorn cupcakes 48
popcorn met noten 52
popcorn met zoute karamel 55
popcorncoupes 40
popcornkoekjes 39
popcorntaart 44
toffeeboter, popcorn met 9
toffeesaus 40, 48
toffee-chocoladepopcorn 17
tomaten: bloody mary popcorn 63
truffelzout: popcorn met zwarte truffel 59

V
vanille: popcorn met noten 52
vanillepopcorn 14
vanillepopcorn 14

W
Worscestershiresaus: bloody mary popcorn 63

Z
Zaramama's pindakaas popcorn 13
zout: bloody mary popcorn 63
margarita popcorn 60
popcorn met zoute karamel 55
popcorn met zwarte truffel 59
zout & peper popcorn 22
zure room: avocadosalsa 34
zwarte truffel, met popcorn 59

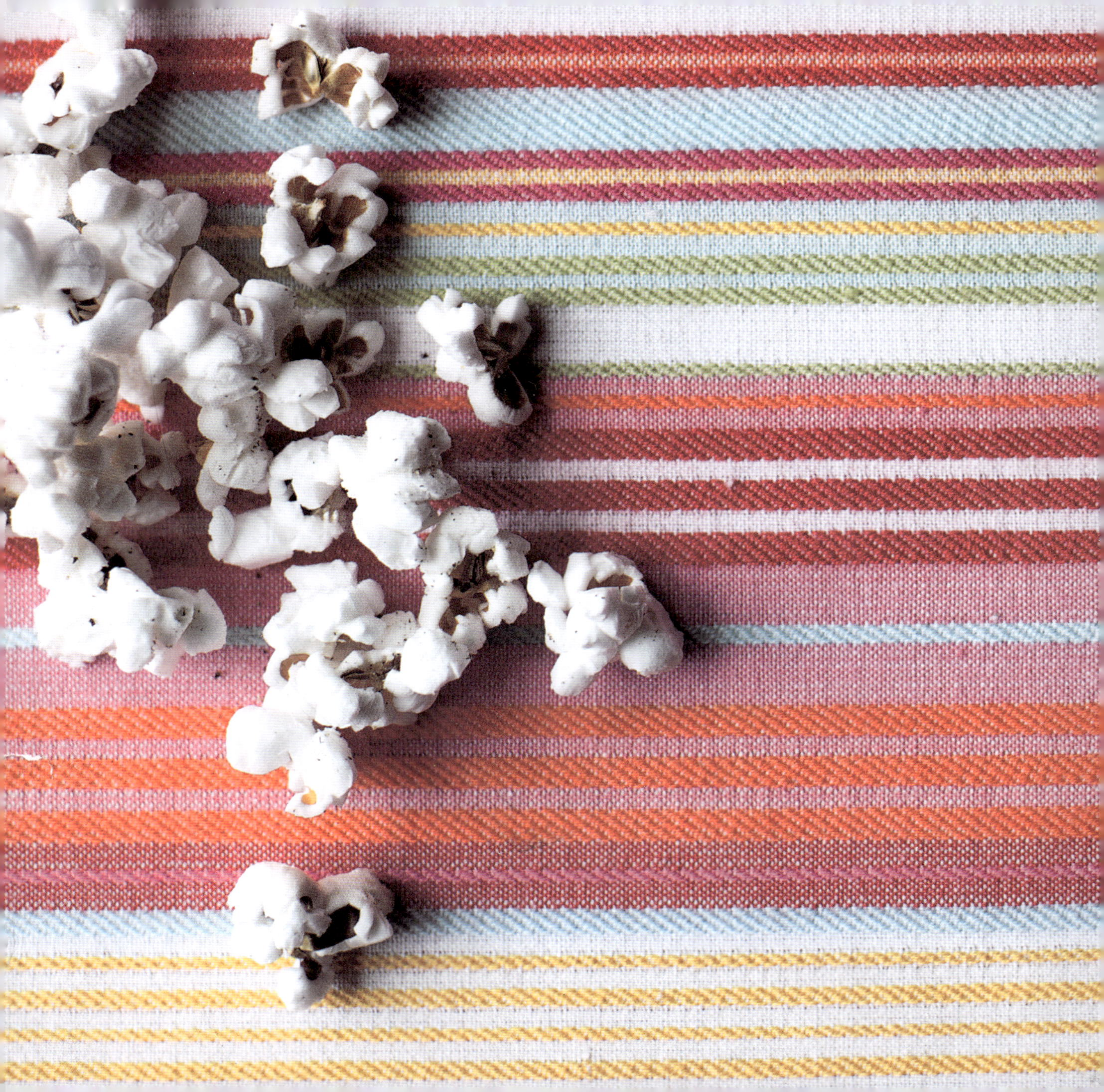